1936 年 / 1953 年
一个时代的终结

1954 年 / 1971 年
还有话要说!

一切的开始

　　嘉柏丽尔·香奈儿 12 岁时，她的母亲去世了。她的父亲把她和她的两个姐妹安置在奥巴辛孤儿院。不久后，她在穆兰的一家服装店做裁缝，并在一家咖啡馆唱歌——也是在那里，她遇到了艾蒂安·巴尔桑，她的第一个皮格马利翁 [1]，在她遇见挚爱阿瑟·卡佩尔（伯伊）之前。嘉柏丽尔的创作开始于为她的演员朋友们制作帽子。1915 年，她在比亚里茨开了自己的第一家时装店。她非常大胆，用泽西针织面料做休闲服，这在当时是不可想象的。从 1917 年起，她开始剪短发，穿开衫和裤装……

　　1　皮格马利翁是希腊神话中的塞浦路斯国王，善雕刻。他不喜欢塞浦路斯的凡间女子，决定永不结婚。他根据自己心中理想的女性形象创作了一个象牙塑像，并爱上了他的作品。爱神阿芙洛狄忒被他打动，赐予雕像生命，并让他们结为夫妻。——译者注

1883 年 / 1895 年

童　年

　　嘉柏丽尔于 1883 年 8 月 19 日在法国索缪尔的救济院出生。她的父亲阿尔伯特·香奈儿是个贩卖缝纫用品的流动商贩。两年前（1881 年）的一个市集日，他在布里夫拉盖亚尔德附近吸引了让娜·德沃勒。这次短暂的相遇后，他们的第一个女儿朱莉娅 - 贝尔特·香奈儿诞生了，朱莉娅 - 贝尔特比自己的妹妹嘉柏丽尔大了不到一岁。

香奈儿　COCO CHANEL
une icône

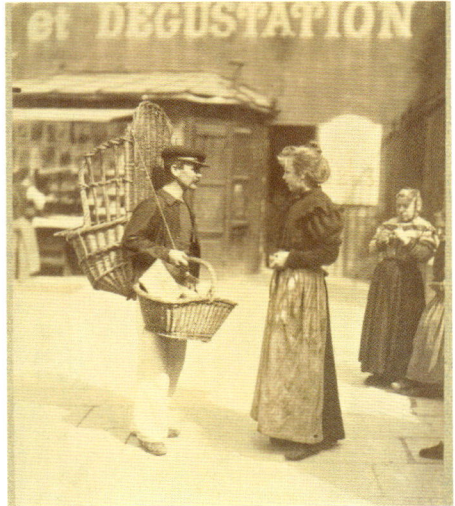

　　这对未结婚的情侣在索缪尔定居。阿尔伯特想成为一名酒商，他从一个集市辗转到另一个集市，而让娜则被限制在镇上的一个房间里做一系列零工，如厨房女佣、客房女佣或熨斗工。直到第二年秋天，阿尔伯特才在库尔皮埃尔与让娜结婚。他们在伊索尔定居，住在工匠区中心的一个小房子里。阿尔伯特总是在路上，很少回家，让娜从不知道他什么时候会再次出现。厌倦了等待的她有时会回到娘家。阿尔伯特回来时，总是给孩子们带回一些东西。对嘉柏丽尔来说，每次这都像节日一般。

　　阿尔伯特的缺席时间越来越长且越来越频繁。这种情况持续了三年，这对夫妇有了五个孩子。让娜变得很绝望，再次向娘家寻求庇护。1893 年的一天，她在娘家收到了丈夫的来信，丈夫告诉她他已经和他的一个兄弟在布里夫拉盖亚尔德当起了旅馆老板。随后让娜把较小的孩子托付给父母，再次带着两个较大的女儿离开，投奔她的丈夫。

　　但在布里夫拉盖亚尔德，粉饰实情的阿尔伯特其实只是旅馆的一名雇员。让娜的生活变得很艰难，尽管她的健康状况不佳，但她仍尽可能地帮助丈夫。她的哮喘病越来越严重，并让她容易乏力。为了少花钱，她并没有为自己治疗。在他们那简陋的房间里，疲惫不堪的她于 1895 年 2 月 16 日离世，而她的丈夫又一次醉酒了。

香奈儿　COCO CHANEL
une icône

在乐蓬马歇

1883 年，也就是嘉柏丽尔出生的那一年，埃米尔·左拉出版了《女士们的快乐》[1]，这是他的鲁贡－马卡尔系列小说的第十一部，一幅关于 19 世纪法国的不朽画卷。这本书的主人公奥克塔夫·穆雷在巴黎为女性开辟了一座天堂，一个她们争相前往的百货公司，那里的面料堆积如山。这样的百货公司，如美丽的女园丁、四分之三、大巴扎、工业巴扎等，在当时被称作新奇商店。阿里斯蒂德·布西科通过乐蓬马歇在巴黎左岸创立了"百货公司"的运营原则，即顾客免费进入、固定且公开的价格、库存轮换，以及雇用对销售感兴趣的工作人员。很快，它就取得了成功并被其他百货公司效仿：春天百货、莎玛丽丹、老佛爷百货和卢浮宫百货。埃米尔·左拉创作《女士们的快乐》的灵感正是来自乐蓬马歇。

AU BON MARCHÉ, rue de Sèvres, PARIS

1　该书的法文原名为"Au Bonheur des dames"，企鹅出版集团的英文译名为"The Ladies' Delight"，书中"女士们的快乐"是主人公担任经理的百货公司的名称，是当时巴黎最精致的高级百货公司之一。——译者注

奥巴辛——由 12 世纪的熙笃会修道院改建而来的孤儿院——远景，嘉柏丽尔和她的两个姐妹曾是这里的寄宿生。

1895 年 /1900 年

黑色制服

成为鳏夫的阿尔伯特不知道如何对待自己的孩子，他无力独自照顾他们。让娜的家人也不愿意照顾他们，这或许是对这个只会吹牛的女婿的报复。于是阿尔伯特决定另想办法安置他们。首先是男孩子：10 岁的阿尔丰斯（嘉柏丽尔最大的弟弟）和 6 岁的小吕西昂被送去周围的农场，成为"救济院儿童"。那是 1895 年，嘉柏丽尔 12 岁。在那年的一个冬日，当奥巴

19 世纪末在法国穿制服、由国家收养的孤儿。

辛孤儿院的大门在自己眼前关闭，在两个姐妹——年仅 13 岁的朱莉娅 - 贝尔特和即将满 8 岁的安托瓦内特面前，嘉柏丽尔尽管心中翻江倒海，还是挺直了腰板。她们父亲的脚步声在回廊上空的拱顶回荡，之后就再也听不见了。

随后，她们跟随一位修女穿过冰冷的、如迷宫般的走廊和楼梯，来到一间巨大的宿舍。里面的铁皮床上摆着为她们准备的黑色制服套装，那是孤女们的制服。孤儿院外，洒下的细雨让鹅卵石变得湿滑，阿尔伯特倚靠在一匹老马拉的车上，在小

奥巴辛

　　在奥巴辛周围，朴素的风景带着粗犷的气息，显示出一种独特的力量。奥巴辛由熙笃会修道院改建而来，在 19 世纪末是当地最重要的孤儿院，这里的极简主义建筑和嘉柏丽尔在此接受的严格的宗教教育塑造了她的性格以及她追求简单和朴素的品味。她的衣服，无论是她穿着的还是她后来设计的，都完美地展现了她的成长历程和她对极致的精致优雅的追求。

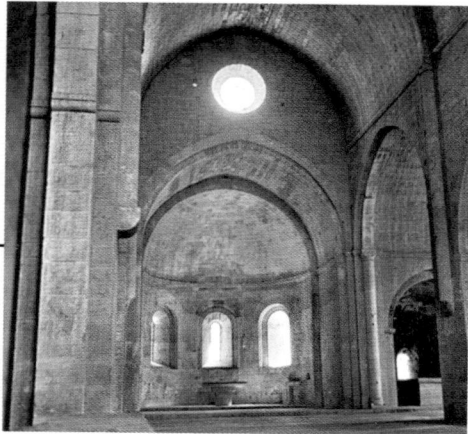

要了解嘉柏丽尔其人，必须到奥巴辛去。事实上，在脆弱的表面之下，嘉柏丽尔是绝对坚强的。

——克劳德·蓬皮杜（出自《内心的冲动，话语和回忆》，普隆出版社，1997 年）

巷中远去。他向女儿们承诺，他很快就会回来找她们。

三姐妹生活在奥巴辛这座 12 世纪熙笃会修道院的高墙内将近七年——这座修道院当时是该地区最重要的孤女收养机构。她们的父亲从此杳无音讯。

在奥巴辛，嘉柏丽尔迅速成长起来。孤儿院的严酷环境使她无法向悲伤屈服。她自尊心强，在其他孩子中间显得主动，她保护两个更脆弱的姐妹并给予她们力量。后来，她将"孤儿院"这个词从她的词典中划去，并尽可能向每一个交谈对象构建一个美化的童年……那时候她专注于学习，有时保持沉默，有时反抗修女，同时她也被当地各处的庄严之美吸引。渐渐地，她在修道院的简约之风中找到了自己的风格方向——没有色彩和修饰，这正是熙笃会苦修的典型特征。她最终熟悉并掌握了这些被遗弃的修道院空间，它们被光线穿透。她在那里成长得越来越坚定，并带着少女般的信念。梦游时，她醉心于符号，有时会数石子路路面上所画星星的五个角……最重要的是，她默默地继续等待她的父亲，他和她一样生于 19 日，他是 11 月的那一天，她是夏季某月的那一天。

时光流逝。远离"美好年代"的纷繁，嘉柏丽尔逐渐长大，她有着健康的牙齿和两只黑眼睛。她的眼睛是如此深邃，以至于仿佛可以"刺穿"任何人，即使她并非有意如此。她梦想着有一天终将开始属于自己的生活。每个周日，在姐妹们的陪伴下，修道院的女孩们两人一排地出门进行远程散步。她们穿过村庄，一直走到位于修道院上方的绿色丘陵高地。童年时嘉柏丽尔就记住了奥弗涅那贫瘠而荒凉的土地气息、树木那令人安心的力量，以及科雷兹栗子林的味道……黄昏时分，在回修道院的路上，她辨出村庄那狭窄街道上的风声。它揪住了她的心，她不喜欢周日。

离开穆兰圣母院寄宿学校后，嘉柏丽尔和姑姑阿德里安娜在钟表街上一家热闹的服饰用品店找到了第一份工作。

1901 年 / 1903 年

当学徒的日子

1901 年 8 月 19 日，刚满 18 岁的嘉柏丽尔在离开奥巴辛和宣读修女见习誓词之间做出了选择。她并不想成为修女。因此，修女们把她送到了 250 公里外的穆兰，让她与当地圣母院寄宿学校的修女们待在一起。穆兰是一个拥有修道院教堂和修道院女子寄宿学校的县城，其周围紧紧环绕着一个安静、富裕的街区。在阿利埃河的另一边，可以看到各兵团驻扎的维拉尔地区驻军。

嘉柏丽尔、朱莉娅 - 贝尔特和安托瓦内特进入了离教堂不远的庞大的圣母院寄宿学校。她们被安置在"贫困"区——绰号"小学校"，由城市的富裕家庭资助。嘉柏丽尔可能已经意识到，她的父亲永远不会来接她了。

一个小小的安慰是，三姐妹在寄宿学校见到了她们年轻的姑姑阿德里安娜·香奈儿。她是她们父亲最年幼的妹妹，只比嘉柏丽尔大一岁。阿德里安娜在寄宿学校待了 9 年，但她的生活比嘉柏丽尔三姐妹优越一些。她住在宿舍大楼的另一翼，即为付费寄宿者准备的那一翼。侄女们和年轻的姑姑将在寄宿学校相互了解。

随着阿德里安娜的出现，嘉柏丽尔的父系家族再次出现了。首先是阿德里安娜的父母，他们也是嘉柏丽尔三姐妹的祖父母。亨利 - 阿德里安·香奈儿和安吉丽娜·香奈儿是流动商贩，他们一生都在奔波。随着年龄的增长，他们不再像以前那样去参加所在地区的集市活动，而冬天的时候会在穆兰的市场大厅内安顿下来。他们住在靠近大教堂和寄宿学校的地方，阿德里安娜就在寄宿学校长大。阿德里安娜和嘉柏丽尔父亲的长姐路易丝——被称为朱莉娅姑姑，也会照顾最年幼的妹妹阿德里安娜，并定期在自己位于阿利埃河畔的瓦雷纳的家中接待阿德里安娜，那里离穆兰约 20 公里。

朱莉娅姑姑还邀请嘉柏丽尔、朱莉娅 - 贝尔特和安托瓦内特陪她去度假。三个年轻女孩终于得以一窥真正的家庭生活。朱莉娅姑姑很风流，喜欢帽子和丝带，并有自己的装饰品味。尽管朱莉娅姑姑很善良，但嘉柏丽尔无法亲近这些父系亲属（阿德里安娜除外），这么多年来他们坐视她的兄弟姐妹四散分离。她的兄弟们一直在附近过着"救济院儿童"的生活，他们成了农场伙计，往来于马厩和田地之间。

刚满 20 岁的嘉柏丽尔一心梦想着发展自己的事业，她很骄傲且富有激情。在孤儿院和瓦雷纳的朱莉娅姑姑家暂住期间，她像其他年轻女孩一样发现了自己对缝纫的热情。在严格的修道院女子寄宿学校里，她和阿德里安娜一起学习如何将布料缝得整齐而结实。两人已经变得亲密无间了。她们被认为是姐妹，而对于这一点她们并不否认。阿德里安娜美丽、羞涩，对生活充满信心。

在修女的帮助下，这两位年轻女子在钟表街的一家生意红火的服饰用品店找到了工作，那家商店挂着"圣玛丽丝绸、花边及丝带店"的招牌。店主把她们安置在商店门面上方的阁楼里。嘉柏丽尔和阿德里安娜的缝纫技术非常好，她们因此被分

20 世纪末穆兰的钟表街，嘉柏丽尔和阿德里安娜在这条街上的一家服饰用品店工作。

配到女士服装和少女服装部工作。穆兰的资产阶级家庭和该地区的城堡领主都来这里购置衣服。人们正在为赛马季做准备，焦急地等待着驻军的骑兵军官比赛的那一天。每周日，嘉柏丽尔和阿德里安娜会回到修女那里并在唱诗班唱歌。

香奈儿 COCO CHANEL
une icône

唱歌的嘉柏丽尔

嘉柏丽尔和阿德里安娜对穆兰几乎一无所知。但只要有时间，她们就会沿着种有栗子树和椴树的小巷散步，在回她们的房间之前，她们会在城根一带遇到散步的军官或居民。嘉柏丽尔刚刚搬到了流经该镇的阿利埃河畔，阿德里安娜在那里与她会合。她们目前住在维拉尔地区驻军军营的对面。那是当时一个时髦军团的宿营地——第十猎骑兵团，嘉柏丽尔瞥见这个团由贵族骑兵组成。

每天早上去服饰用品店或晚上回家时，嘉柏丽尔和阿德里安娜都要经过阿利埃广场，那里不乏娱乐活动。她们贪婪地看向甜品店、音乐咖啡馆如圆顶。圆顶是一间有音乐表演的低级咖啡馆，位于广场中央，从那里会传出阵阵说话声和滚动演奏的歌曲声。

巴黎的无条理音乐咖啡馆，
1888 年。

　　嘉柏丽尔想把阿德里安娜拉到圆顶并试试自己的运气。在这些流行的音乐咖啡馆里，没有签约的女歌手不能成为头牌歌手，她们中的大多数人满足于跑龙套。人们将她们称为"装样子的人"：她们的任务是替签约的歌手收钱。嘉柏丽尔和阿德里安娜被雇为"装样子的人"，而在一天晚上，嘉柏丽尔大胆地走上了舞台。

　　她有两首保留曲目：《咯咯哩咯》，这首歌的合唱部分反复出现公鸡的啼叫声；《谁在特罗卡德罗看见了可可》，这是一首著名的"有关小狗的悲歌"。

香奈儿　COCO CHANEL
une icône

音乐咖啡馆

　　1864 年，音乐咖啡馆摆脱了剧院院长们的监督，被置于警察当局的控制之下。行政部门成倍增加了相关法令的数量，并允许这些场所广泛存在。巴黎的娱乐场所成为欧洲娱乐业的典范。音乐咖啡馆度过了它的黄金时代，并在法国各地蓬勃发展，为驻军城市、副省会和温泉城市带来了活力。但从 1896 年起，一个竞争对手逐渐凌驾于它之上，那就是：电影院。

她的声音其实并不出彩，但她的美丽和因无畏而体现出的优雅使观众们陶醉。很快，在吊灯下，在圆顶的喧嚣中，年轻的军官们每天晚上都要求听到那首"可可"。

　　在嘉柏丽尔的众多崇拜者中，在第九十步兵团服役的巴尔桑的掌声比其他人响亮。他是个富家公子，并利用父母的身份赊账。在嘉柏丽尔登台的几天前，他在一个裁缝作坊里遇见了她，在那里，她和阿德里安娜一起在为购物季加班工作。一天晚上，巴尔桑邀请她们去大咖啡馆。

　　嘉柏丽尔和阿德里安娜很快就成为镇上所有重要聚会的一部分。为了维持生计，她们在自己的房间里接了越来越多来自服饰用品店顾客的订单，这些顾客成为她们的忠实客户。

嘉柏丽尔在维希居住了一个疗养季，并期望开始歌唱事业。

维希递水员

　　嘉柏丽尔感到发展受限，希望在艺术家生涯中向前迈进。她向巴尔桑坦言，她想在真正的观众面前唱歌。他对此深表怀疑。他当然在他的宠儿身上看到了一个有创造力的年轻女人形象，她与其他任何人都不同，但她是为什么而生的呢？他还不知道。不过，他还是帮助仍然形影不离的嘉柏丽尔和阿德里安娜做前往维希的准备，那里的温泉季即将开始。

　　她们清点了一下自己的积蓄，并在圣玛丽服饰用品店购置了一些物品，二人更新了裙子、大衣和帽子，然后关上了她们的行李箱。

　　维希距离穆兰约 50 公里。拿破仑三世在这里取水后，这座温泉城越来越出名。大酒店和赌场的客户总是爆满。这里已经建成了一个赛马场，全天都有音乐会，为从世界各地而来的

香奈儿 COCO CHANEL
une icône

资产阶级提供娱乐活动。公子哥和银行家们出现了，他们通常由被轻蔑地称为"母鸡"[1]的女人陪同。社交生活如火如荼，晚上四个剧院都挤满了人。

这两个年轻的女子住在市里的一个小房间里，有时会去泉水公园的拱廊下散步。她们在那里遇到了第十猎骑兵团的军官们，还和经常来维希休假的巴尔桑见面。

最初的兴奋过后，嘉柏丽尔开始寻找试演的机会，但没有取得如意的进展。计划的行程结束了，这里的消费比穆兰贵，阿德里安娜没有那么多冒险精神，很快就回去了。嘉柏丽尔则继续坚持。为了得到一份"光鲜"的工作，她在一家歌舞厅学习了唱歌和跳舞。在那里她看到了巴黎的明星们，并了解了当时风靡一时的轻歌剧。由于歌舞厅的合同迟迟未到，她便为在路上遇到的穆兰的前客户们修改衣服。为了维生，她找了份"递水员"[2]的工作。直到当时那个疗养季结束，身穿白色制服

1　原文为"cocotte"，典故来自交际花做作的高昂笑声类似母鸡"咯咯"叫。——译者注

2　一种职业，现代意义上的"递水员"可能起源于英国巴斯，指在温泉疗养地为疗养者接温泉水并将水递给他们的工作人员。——译者注

的嘉柏丽尔都在为到维希进行温泉疗养的人接水、递水。由于冬天即将来临，她别无选择，最终只得返回穆兰。

阿德里安娜来到离穆兰几公里远的苏维尼，寄住在莫德·马祖埃尔家。莫德作陪并牵线，为驻军军官的女伴们组织茶会，并将阿德里安娜介绍给她的资产阶级朋友们。嘉柏丽尔回来后经常加入她们的行列，并陪同她们去当地赛马场。她已经找回了她的客户，比以往任何时候都更努力地在房间里工作。

晚上，在大咖啡馆里，巴尔桑和他的同伴们挤在嘉柏丽尔身边。不久，巴尔桑服完了兵役，买下了罗雅留庄园。这是一座位于贡比涅附近的树林和草地间的前修道院，他用当时所有的现代化舒适设施对其进行了翻新。他还重建了马厩。他对美女和马匹充满热情，并渴望成为一位著名的饲养员。嘉柏丽尔听后嘴角一牵，取笑着问他是否需要一位年轻的马夫。

罗雅留的入口和城堡，这是富有的继承人巴尔桑的财产，他把以前的修道院变成了一栋大而舒适的房子，并在那里接待了许多客人。

1906 年

城堡生活

　　嘉柏丽尔对穆兰没什么留恋了，在那里有三个求婚者正孜孜不倦地追求她的姑姑阿德里安娜。嘉柏丽尔允许自己被巴尔桑"绑架"，在一个早晨，她带着行李箱出现在穆兰车站的月台上。

　　此时距嘉柏丽尔离开孤儿院已过去了几年时间。对于 23 岁的嘉柏丽尔来说，这像永恒那么长。她要与在罗雅留的巴尔桑会合。她想借此忘记自己孤儿时期的生活，忘记穆兰和她在维希的失败——不存在爱情方面的困扰，那些人顶多算情人。
巴尔桑更喜欢交际花和年长的女人，但他最喜欢的还是他的自
由和他的马匹。当他开着一辆敞篷车来贡比涅的车站接嘉柏丽
尔时，他们之间的交易就很清楚了：嘉柏丽尔负责逗他开心。
她是如此特别，这个活泼的黑发女孩有着对答如流的聪慧。她
性格火暴，毫不留情。此次会合后，她会招待那些快乐的狂欢

巴尔桑在罗雅留骑马。

香奈儿　COCO CHANEL
une icône

者，而他不会被迫在罗雅留外正式展示她。因此，他为嘉柏丽尔提供了她从未了解过的东西：无所事事、漫长慵懒的早晨、骑马的可能性、与赛马场上的马夫以及社会名流密切交往——因为这正是她想要的，至于其他方面，则不归他管。

罗雅留府邸与奥巴辛修道院一样古老，它精致、舒适且迷人。巴尔桑作为一个没有义务需要承担的富有继承人，将这座府邸变成了一个聚会和享乐的地方。嘉柏丽尔开始接触奢华的生活。从她的窗户可以看到巨大公园的一部分，她得以一窥吃草的马匹和喧嚣的马厩。草地的后面是石墙，其标志着曾经用于皇家狩猎的其他巨大庄园的边界。走过草地，她随后会在幽暗的森林内走上数个小时，她想知道除了这些森林，真正等待她的会是什么。她那田园风格的房间与主要的房间稍有距离，在那里她感到孤独，就像她在孤儿院的时候一样。

巴尔桑经常宴请宾客。该地区的贵族骑士们与大资产阶级、运动员和饲养员们一起活动，并且总是由他们的情人陪同着。嘉柏丽尔虽然有时也会梦想着得到永远不会有的地位即这座府邸的女主人，但还是会在自己的房间里梳妆打扮。她明亮而带刺，晚上出现在宾客面前时总是衣着简单：她既没有兴趣也没有意愿与所有女性来宾进行奢华的装扮竞争。质疑的目光投向了她，但她并不在意。她避重就轻地与他们交谈，而当她吸过一口烟后，她的眼睛变得更加漆黑。每个白天她都在户外度过，她总是身着马裤和一件从巴尔桑那里借来的毛衣。她不像礼仪所要求的那样侧坐在马上。然后，既没有丰臀也没有细腰，只有两个小乳房的她决定，她那健美的身体值得穿着所有的紧身衣。她的信条是：不要无用的服装、饰物，她一定不要像其他任何人。嘉柏丽尔没有钱，只能为自己做简单的裙子。她在很久以前就扔掉了孤儿院制服并不再谈论它们，但保留了对严谨与简单的偏好。

她急躁的性情、与众不同的外表和某顶小帽子都没有逃过巴尔桑的前情人之一，艾米莉安·达朗松的眼睛。艾米莉安在巴黎戏剧界小有名气，在外省也很受欢迎，她会毫不犹豫地让她的情人们一掷千金。

嘉柏丽尔对巴黎还不太了解。巴尔桑很少去那里，尽管他在马勒塞尔布大道上购置了一套单身公寓——像他这种身份的人经常这么做。嘉柏丽尔的姑姑阿德里安娜有时会带她去。她们在剧院发现一个新人——密斯丹盖，一颗冉冉升起的新星。阿德里安娜也时不时地与嘉柏丽尔一起出现在隆尚、万塞纳或香缇邑。在赛马期间，她们因不被允许靠近她们的情人而退到栅栏后面，待在"非常客"区域。

赛马场

1910 年，在奥特伊的巴黎障碍赛马大奖赛上，两位穿着紧身胸衣、戴着帽子的优雅女士。

　　在隆尚、万塞纳或香缇邑的赛马场上，人们开始注意到嘉柏丽尔的白衣领、领结、小划船帽和从小团体中的男士那里借来的外套。在罗雅留附近，她在一个为该地区赛马场马夫和骑手制作衣服的前军队裁缝那里制作了窄小的裤子和夹克，并除去了所有的装饰，这与"美好年代"的风格正好相反。嘉柏丽尔觉得自己和那些浮夸到极致的女人格格不入，她们的帽子上满满地装饰着蔬菜、鲜花和水果，身体被一连串的衬裙和臀垫束缚着，身着紧身胸衣到了要晕倒的地步……

特鲁维尔的赛马双周
大奖赛期间，正午时
分的巴黎街。

1900 年左右，奥特伊赛马场的大看台。

香奈儿　COCO CHANEL
une icône

在多维尔赛马骑师体重过磅处周围，
堪称白色亚麻布、真丝薄纱、绢网
和鸵鸟羽毛的节日。

多维尔赛马场的看台前，
在这个夏季，优雅的女
士都身着白色或淡灰色
的服装。

1907 年 / 1912 年
事业起步

嘉柏丽尔在巴黎康朋街 21
号开设了第一间时装店。
她向顾客们提供经过她相
当程度精简过的各种帽子。

　　在罗雅留，嘉柏丽尔再也无法
忍受无所事事的日子。她想谋生，
以便不依赖巴尔桑的善意，后者则
慷慨地容忍着她。她觉得自己的未
来被限制在"母鸡"的范围内，而
她讨厌这样。她成为一名歌手的希
望已经消失了。既然帽子受到关注和
喜爱，那为什么不做帽子呢？她能把
它们卖出去的。

　　当伯伊进入她的生活时，嘉柏丽尔已考虑这些问题一段时
间了。他们于 1908 年在比利牛斯山相遇，缘于巴尔桑参加的

香奈儿　*COCO CHANEL*
une icône

嘉柏丽尔有一种利用形势的能力，她能在它经过时
抓住它，甚至在它不存在时冒险创造它。

—— 嘉柏丽尔·多尔兹亚

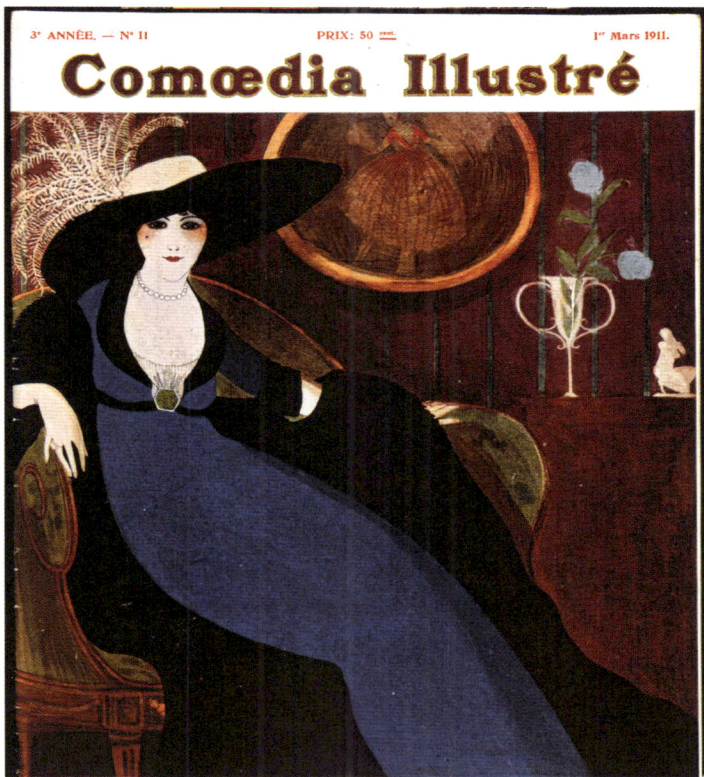

1911 年 3 月 1 日的《戏剧画报》封面，
由保罗·伊里伯绘制，嘉柏丽尔后来经常去找他。

一次狩猎活动。阿瑟·卡佩尔，人称"伯伊"，是一个有文化的英国人，他白手起家，在纽卡斯尔的煤炭贸易中发了财。他经常旅行并住在巴黎。不久，他就为嘉柏丽尔回到了罗雅留。这就是所谓的一见钟情。

伯伊在巴尔桑的准许下鼓励她（创业）。巴尔桑把他位于巴黎马勒塞尔布大道 160 号的底层单身公寓借给嘉柏丽尔，以便她建立一个时装工坊。伯伊就住在附近，他以邻居的身份前来探望嘉柏丽尔。他和巴尔桑一样，向自己的女性朋友们推荐她。利用自己在巴黎的百货公司购买的、对时尚有很大影响的现有款式，嘉柏丽尔制作了与在法国首都街头看到的那些帽子截然不同的款式。她对它们进行简化，减少了用丝带、羽毛或面纱制作的装饰的体积，顺便去掉了所有插在上面的水果和蔬菜，这些设计在当时可是相当时髦的！

口耳相传很快起了作用。艾米莉安·达朗松和其他许多人在城中、舞台上或赛马场上都戴着嘉柏丽尔制作的帽子。

嘉柏丽尔仍然缺乏实践和技术。为了补救这种境况，她与露西安娜·拉芭泰合作，后者后来成为"疯狂年代"最伟大的女装设计师之一。两名工人和嘉柏丽尔的小妹妹安托瓦内特也

香奈儿 **COCO CHANEL**
une icône

刊登在《戏剧画报》上的一件由嘉柏丽尔设计的皮草。在康朋街，嘉柏丽尔开始提供她自己设计的皮草和其他服装。

加入了她们。安托瓦内特刚刚离开穆兰的寄宿学校，她协助销售、送货，非常灵巧地帮助制作她姐姐设计的帽子。姑姑阿德里安娜也作为顾客前来，并带走了一些新品以在阿利埃自豪地展示，她现在和莫里斯·德·尼克松住在那里——二十年后他才娶了她。

1910 年初，三人行已经显得拥挤了。在初期帮助过嘉柏丽尔之后，巴尔桑将接力棒完全交给了伯伊。他不再忽视二人变得正式的恋情以及住在一起的事实。伯伊和嘉柏丽尔住在加布里埃尔大道上一间巨大的米白色公寓里，被珍稀书籍、东方家具和著名的科罗曼德屏风[1] 环绕。这是嘉柏丽尔从此再也不愿放弃的一种排场。伯伊和嘉柏丽尔不时回到罗雅留看望他们的密友巴尔桑。伯伊在旺多姆广场后面的康朋街 21 号找到一个店面并支付了顶费。他在那里挂上了一块金色招牌：香奈儿时装。

1　指中国雕漆屏风。中国的雕漆屏风在明清时期，17 世纪被引入欧洲时，欧洲人把这种富丽堂皇的装饰性折收屏风称作"科罗曼德屏风"，因为当时他们对屏风的来源并不清楚，只知道科罗曼德海岸是这些屏风和其他家具被装载上船运往欧洲的地方。——译者注

美好年代

在巴黎，沃斯、杜塞、芭甘[2]和博瓦莱[3]（他曾师从沃斯和杜塞）等服装设计师引领了潮流。20世纪初以来，西方的穿衣方式没有什么大的变化，

2　即简·帕昆，法文原名为"Jeanne Paquin"，此处为法文音译。——译者注

3　即保罗·波烈，法文原名为"Paul Poiret"，此处为法文音译。——译者注

雅克·杜塞品牌大衣，1910 年。

但随着每个季度的到来，新的当季流行色和装饰品变得越来越复杂。织物昂贵且稀有，天鹅绒、皮草、丝绸和鸵鸟羽毛多种多样。这是属于巴黎的"美好年代"，这里有众多各式各样的刺绣、珍珠、羽毛、饰带和布花作坊以及供应商。百货公司出版了首批商品一览表，女性杂志也与时尚呼应以支持巴黎的高级时装和著名的里昂丝绸。

保罗·伊里伯为芭甘绘制的时尚草图，约 1912 年。

嘉柏丽尔，这位将彻底改变 20 世纪时尚的女性，在一条以法国大革命期间雅各宾派财政部长名字命名的街道上开了店。她将在那里发迹。

　　从此，嘉柏丽尔对巴黎时装店的选址再未离开过康朋街。1918 年的秋天，她搬到与当时的店面隔了十个门牌号的地方，即 31 号，这次是为了在楼上开她的时装店。与此同时，在当时国际化的优雅女性世界里，法国有几个人正处于时尚影响力的顶峰。

　　然而，人们总能在这里或那里认出嘉柏丽尔的作品，并前来一看她的庐山真面目。29 岁的她显得漫不经心，并敢于与在浓密蓬松的头发上戴过大帽子的风格背道而驰。1912 年，得益于女演员嘉柏丽尔·多尔兹亚的青睐，她取得了巨大的成功。多尔兹亚当时非常受欢迎，并在巴黎出演莫泊桑的戏。她的舞台服装是由服装设计师雅克·杜塞设计的，但她获得了导演许可，让嘉柏丽尔为她设计帽子。

一个自由的女人

　　1913 年夏天，嘉柏丽尔陪同伯伊到多维尔度假。那里的赌场和诺曼底酒店刚刚落成。这个小型海滨度假胜地的社交生活极为丰富，也是国际知名的骑马场所。画家库尔贝、布丹、博纳尔、埃勒等人都在这里找到了无可比拟的广阔天空。嘉柏

1913 年，嘉柏丽尔在多维尔的高铎 - 比隆街开了一家店。

香奈儿 **COCO CHANEL**
une icône

嘉柏丽尔和伯伊在诺曼底酒店小住。

丽尔受到伯伊的启发，在他们居住的诺曼底酒店旁边的高铎 - 比隆街开了一家店，以招揽富有的顾客。阿德里安娜和安托瓦内特很快就来帮助她制作、销售配饰和帽子，这些配饰和帽子很快就摆满了整个商店……嘉柏丽尔并没有就此止步，而是利用这个机会推出她自己已经穿了好几年的服装：它们实用、简单且轻便，使她能够轻松活动。

她和妹妹、姑姑一起充当模特。她们登上了多维尔的各种舞台，每天换几次衣服，身着罩衫、粗毛线衫或水手服。人们在经过时都会转身看上一眼。那些优雅的女士被束缚在过去几年风靡的博瓦莱风格的彩色东方主义裙装里，她们很快就来仔细观察这位新身形的创作者。这一次，精品店的名字和标志是"嘉柏丽尔·香奈儿"。嘉柏丽尔很快便迎来了成功。当她在秋天回到巴黎时，正如伯伊的预测，嘉柏丽尔的通讯簿已经被大大地充实了。顾客们蜂拥至康朋街。这一时期，嘉柏丽尔只顾自己的工作和对征服的渴望，而伯伊则专注于他在英国的生意，似乎还有了其他的爱情。

第二年春天，也就是 1914 年，嘉柏丽尔复制了多维尔精品店的经营模式，仍然得到了安托瓦内特和阿德里安娜的帮助。只要有机会，当着海滩上闲逛者的面，嘉柏丽尔就和其他几个大胆的姑娘一起去游泳，穿着她为自己做的镶有白边的海军蓝毛巾布小泳衣。

正当嘉柏丽尔沉浸在工作中时，她得知了一个可怕的消息：她的姐姐朱莉娅-贝尔特死于肺结核，留下了唯一的孩子——10 岁的安德烈·帕拉斯。为了避免他进入孤儿院，伯伊把他安排到自己曾就读的博蒙学院。从那时起，嘉柏丽尔一直照顾她的侄子，后来又照顾侄子的两个女儿。

香奈儿 COCO CHANEL
une icône

第一次世界大战期间的一家军工厂。正在制作炮弹的妇女们穿着长裤连体工作服。

夏天到来了。1914 年 6 月 28 日弗朗茨·斐迪南大公在萨拉热窝被一名塞尔维亚狂热分子刺杀后，欧洲战争的传言变得更加喧嚣。7 月 31 日，德国向法国和俄国发出最后通牒。在巴黎，让·饶勒斯在克瓦桑咖啡馆被一名无政府主义者暗杀。8 月 1 日，法国进行了战争动员。8 月 3 日，德国向法国宣战。而 16 天后，即 8 月 19 日，是嘉柏丽尔的 31 岁生日。在巴黎，秋季系列的服装款式正在准备，无论如何，它们将按计划向国际客户展示。多维尔，这个巴黎上流社会的娱乐场所，一夜之间空空如也。但嘉柏丽尔决定留下来。

几周后，她已经不知道该把那些匆匆忙忙返回多维尔的巴黎顾客安置在哪里，这些人都是为逃避德国人的进军威胁而返回的。被动员起来的男人们已经去了军营。当时人们还不知道这场大型战争会使这个国家的生命力和欧洲的青年遭到毁灭性打击。

嘉柏丽尔为多维尔临时医院的志愿护士们提供了更实用且更优雅的白制服，这些护士在那里照顾第一批从前线遣返的伤

战时的女性

　　这场战争将改变女性的生活。渐渐地，她们开始参加工作。在农村，她们做着维持农场运转的日常工作，还承担着田间的繁重劳动。在城镇里，由于越来越多的男人离开家乡去打仗，妇女逐渐成为家庭的主人，并负责做所有的决定。从 1916 年开始，是她们在管理企业、军工厂、化学工业、运输和医院。在奢侈服装业，人们也越来越多地感受到战争时期的现实。女性开始参与经营那些仍在运作的公司。她们还开汽车——在巴黎则乘坐公共汽车或地铁，从事体育运动。

LA PLUS JOLIE MODE.
... Parceque les femmes de toute de tous les pays l'ont adoptée.

员。嘉柏丽尔的要求很高，也很专制。她在工作中亲自培训了一些女工，并以极大的智慧设法为那些离开了女仆、现在不得不自己穿衣服的资产阶级女性提供简洁的服饰。

多维尔又空了。嘉柏丽尔回到了巴黎，那里的人们仍然想忽视战争，但战争在持续。在法国东部，战壕困境的恐怖已经开始蔓延。伯伊从那里回来了，这要感谢乔治·克莱蒙梭。克莱蒙梭与伯伊相识已久并成为朋友，他委托伯伊负责向英国和法国的军工厂供应煤炭。

恰巧在这个冰冷的冬天，煤炭在法国供不应求。巴黎被蒙上了一层黑纱，娱乐不再合适。然而，首都的大饭店，包括在康朋街后面的丽兹酒店，仍高朋满座。在巴黎散步的优雅女士们在那里相聚，进行娱乐活动和喝茶。嘉柏丽尔为伯伊的缺席感到难过，他正为他的新职责而异常忙碌。不过，她的事业获得了前所未有的成功。她不仅看到从多维尔回来的老顾客来到了香奈儿时装店，还看到了许多其他顾客——她们正从服装设计师博瓦莱的裙子和缀有羽饰的头巾式女帽中抽身出来。

1914 年 / 1915 年
巴黎—多维尔—比亚里茨

1915 年的圣让德吕兹海滩，伯伊带着嘉柏丽尔在这里休假。

比亚里茨，海滩和赌场。就在对面的加尔代尔街，嘉柏丽尔设立了她的工作室、一家精品店和一套公寓。

1914 年，在那个可怕的秋天，欧洲发生了翻天覆地的变化。在美国的人们想帮助巴黎。在 *Vogue*（美国版）主编埃德娜·伍尔曼·蔡斯的带领下，时尚界被动员了起来。她在纽约组织了一系列的慈善活动、派对和时装秀，旨在为巴黎的时装品牌筹集资金。一年后，*Vogue* 的出版商康泰纳仕集团设立了一个基金，以帮助那些因订单减少而失去工作或工资降低的女工。

伯伊刚刚获得了几天的假期。1915 年的夏天，他把嘉柏丽尔带到了比亚里茨，一起沐浴巴斯克海岸的阳光。位于法国西南部的这一隅别致的海滨度假胜地面朝大海，这里的人们远离战争的动荡。自从拿破仑三世和欧仁妮皇后让这里成为时尚之地，西班牙贵族们纷纷与法国大资产阶级一起涌入此地。所有这些漂亮的人儿都在港口放纵，并在宫殿酒店沉迷于一种来自阿根廷的新舞蹈——探戈，它风靡一时。

伯伊从多维尔精品店的成功中吸取经验，鼓励并帮助嘉柏丽尔在比亚里茨开一家精品店和一间真正的时装店。嘉柏丽尔打算将她简单的作品以很高的价格卖给这些爱慕虚荣、无忧无虑又挥金如土的客人。博瓦莱的装饰性礼服的流行之势正在衰退，他对嘉柏丽尔的作品持讥讽态度，并将其定性为"亿万富翁的贫穷"。嘉柏丽尔在比亚里茨市中心租了一栋大房子，即拉拉尔德别墅。这所别墅位于加尔代尔街，位置极好，对面便是赌场。她在那里设立了工作室、精品店和私人公寓。她的女工们来自巴黎或纳瓦拉，后者位于法西边境的另一侧——西班牙巴斯克地区[1]，而其他人则是在当地雇用的。法国附近的西班牙在战争中选择了中立，不会参与敌对行动。嘉柏丽尔从中学习，意识到这可以帮助她获得布料，特别有助于她获得裁缝。安托瓦内特也作为增援到达此地。嘉柏丽尔的这位妹妹被委托管理房子，一旦生意做起来，嘉柏丽尔就得返回巴黎。

门店开业后，成功随即而至。西班牙宫廷、纳瓦拉和阿拉贡等最耀眼女性的订单纷至沓来，更不用说在海边度假的国际上流社会人士。第二年秋天，嘉柏丽尔推出了她的第一个系列。这一年她 32 岁。

1　巴斯克地区包括西班牙境内的巴斯克自治区、纳瓦拉以及法国境内的北巴斯克。——译者注

为泽西针织衫而疯狂

　　六个月后，嘉柏丽尔回到巴黎的康朋街。她和伯伊相聚，同时也需要想办法让生意步入正轨。她不缺乏订单，此时她在多维尔、比亚里茨和巴黎雇用了近 300 名女工。但是，由于战争，布料越来越少了。她记得罗蒂埃制造厂在 1914 年前不久开始生产一种新的纺织品——泽西针织面料，该面料用于制作运动服和男士内衣。她说服了工厂管理者欧仁·罗蒂埃，后者一度对此持怀疑态度，但还是卖给了她一批无人问津的尾货——这些面料因太软而难以加工。

　　很快，在香奈儿时装店，嘉柏丽尔制造出一系列漂亮且具有颠覆性的产品。

　　巴黎女人们立即采用了嘉柏丽尔设计的朴素的单色针织套装、斗篷和大衣，在那个艰苦的时代，这些服装实用、朴素且

泽西针织衫

    1916 年，嘉柏丽尔那惊人的简约设计，在那些因环境改变而将自由掌握在自己手上的女性中获得了显著的呼应。从巴黎到比亚里茨或多维尔，那些女性痴迷"简单"这个词，部分是出于团结，但更多是出于必要性。女性们选择了这种高于脚踝的新裙长，甚至她们的帽子也终于变得低调了。人们在白天不再频繁换衣服，女性们开始适应物资稀缺的社会状况，适应更简朴的生活方式。为了给在田间和工厂工作的女性提供更多的舒适和便利，曾经针对女性穿长裤的禁令被取消了。

嘉柏丽尔的第一批刺绣泽西针织衫是海军蓝、白色和米色的，有的还带有图案，在各大国际媒体上发表。这是 1917 年 3 月的《巴黎人》杂志插图。

很容易穿着。她们穿上水手服或非开襟的罩衫，只围一条围巾或腰带。泽西针织衫上不适合做褶裥，也不再强调胸部曲线或矫揉造作的风格。敞开衣领的白衬衫，更宽大也更短的裙子，搭配第一代双色鞋……由于产品取得了巨大的成功，嘉柏丽尔得以向罗蒂埃再次下订单，罗蒂埃这次被彻底说服，再次启动了他的织机。

那一年，嘉柏丽尔把偿还伯伊预支给她起步的所有钱作为一个荣誉点。她终于独立了。

尽管法国在战争初期遭受挫折，但巴黎时装的威望仍在。"香奈儿"这一位于法国首都的时装店继续将巴黎时装的风格强加给国际客户，集中精力提供易穿的日装。服装的颜色变得更深，机器编织也出现了。在美国，女性媒体第一次赞扬了嘉柏丽尔的才华，认为她知道如何抓住时代精神，创造出没有多余物品的服装，这是完全与时代接轨的。顾客们追随着嘉柏丽

当时的针织衫只用来做内衣；我给了它被穿在外面的荣耀……

—— 嘉柏丽尔·香奈儿

尔。嘉柏丽尔为接近她理念的美国女性设计了一些款式：首先注重的是轮廓，而不是装饰。不过，她对细节保持着关注，知道如何设计非常实用的口袋，并使用较薄且不那么珍贵的皮草。作为 20 世纪 20 年代所有时尚的真正先驱，她那著名的简单穿在裙子外面的无腰线针织罩衫让美国时尚杂志 *Harper's Bazaar* 兴奋不已，并给它起了一个名字：衬衫裙。

在埃特尔塔的海滩上，嘉柏丽尔穿着她著名的泽西针织水手服，这在当时掀起了一场时尚革命。

人就是这么活着的吗？

绰号为"老虎"的法国战争部长克莱蒙梭经常到前线鼓舞部队的士气。这里是在法国瓦兹省的普莱蒙战壕里。

当时的法国还没有 *Vogue* 杂志：战争仍在继续，代价高昂。在凡尔登，已经占领了十个省的德军没有攻破此处，但后果是可怕的：每天有 3 000 人死亡。1917 年，美国前来援助，与盟国一起参战。在东方，俄国沙皇尼古拉二世在布尔什维克面前退位。被革命者赶走的贵族和白俄移民[1] 来到

1　指 20 世纪在俄国革命和苏俄国内革命战争爆发后迁居国外的俄罗斯人，通常他们对当时的苏维埃政权持反对态度，大多数在 1917—1920 年离开俄国。白俄移民通常自称"俄罗斯移民"。

——译者注

香奈儿　COCO CHANEL
une icône

巴黎、蔚蓝海岸或巴斯克海岸避难，他们将曾经拥有的一切留在了故国。在前线，战争陷入了困境。逃兵和兵变数量成倍增加。诗人路易·阿拉贡被动员起来并派往前线当护士，那时他年仅 20 岁。

这场战争的恐怖激发了路易·阿拉贡的灵感，他写下了《未完成的小说》和最美丽的法语诗歌之一《人就是这么活着的吗？》。在战壕里，"老虎"克莱蒙梭，当时的法国战争部长，前来鼓舞士兵的士气。

在伦敦，伯伊继续着他的使命，并出版了一部在外交界引起关注的作品。他在书中提出了战后欧洲可能的建设。为了寻求受人尊敬的地位，他孜孜不倦地拜访英国的贵族，并希望被他们接受和认可。他的女性征服者增加了，他逐渐疏远了嘉柏丽尔。

尽管他不在，嘉柏丽尔还是全神贯注于她的工作。她毫不妥协、不知疲倦，从不让任何个人的负面情绪暴露出来。她的事业蒸蒸日上，她的创作也获得了认可。

1917 年 5 月的一天，嘉柏丽尔剪短了头发，脖子也裸露在外，在此之前，她的头发一直在脖子后面被挽成一个低低的发髻。她并不是第一个这样做的人。早在 15 年前，即 1902 年，

1914 年 9 月，在巴黎伏尔泰大道上，德国空军的轰炸和大贝尔塔炮的炮火到达了法国首都的中心。

在"美好年代"的巴黎，歌手波莱尔和"魔女"科莱特[2]（当时她正在尝试演哑剧）已经剪了头发，并以此作为解放的标志，但没有被世人模仿。1908 年，服装设计师博瓦莱将他模特的头发剪短了。1917 年，人们从这一举动中看到了自战争开始以来来之不易的新的自由份额的获得，女性们像嘉柏丽尔一样剪了头发。

各种晚宴相继举行。嘉柏丽尔忙于四处赴宴。一天晚上，她坐在一个加泰罗尼亚画家何塞·玛丽亚·塞尔特和他未来的

2　指西多妮·加布里埃尔·科莱特（1873—1954 年），法国国宝级女作家，代表作品有《克罗蒂娜在学校》《亲爱的》等。——译者注

妻子米西娅·戈德布斯卡的旁边。这对伴侣，尤其是米西娅，与嘉柏丽尔建立了热情洋溢的友谊，尽管相处常常是风波不断。这次会面是决定性的，因为在塞尔特的介绍下，嘉柏丽尔开始频繁接触作家、画家和音乐家，走进这个她在此之前只得以一瞥的艺术世界。

早在前几年，她曾向美丽的凯丽雅西斯学习性格舞[3]。凯丽雅西斯是埃里克·萨蒂的朋友，她的工作室离船屋仅一步之遥，巴勃罗·毕加索和一些先锋派诗人在那里忍受着寒冷的冬天和贫困。1918 年 3 月，伯伊的举动证实了嘉柏丽尔长期以来所担心的事情。她很富有，也很独立，但她知道自己无法为伴侣提供他一直寻求的社会认可。他刚刚在伦敦与戴安娜·李斯特订婚。戴安娜是一位年轻的英国贵族，与其他许多人一样，在战争期间丧偶了。伯伊在这位年轻女子的母亲萨瑟兰公爵夫人的家中遇见她，萨瑟兰公爵夫人在英国武装地区组织了一项救护车服务。他们的婚礼计划在 10 月举行。

麻痹且面无表情的嘉柏丽尔看到伯伊一言不发地离开后，

3　古典芭蕾中的一种舞蹈体裁，是舞剧编导在民族民间舞蹈素材的基础上，取其基本特征，结合芭蕾的需要加以发展、创造出来的具有民族特性、人物性格或职业特征的舞台舞蹈形式。"性格舞"最初出现于 17 世纪欧洲宫廷宴席歌舞中的"出场"环节。其包含西班牙的西班牙舞、弗拉门戈舞、卡楚恰舞，匈牙利的查尔达什舞，波兰的玛祖卡舞，俄国的俄罗斯舞、鞑靼舞，意大利的那不勒斯舞等。——译者注才让心中的悲痛爆发出来。她离开了他们在马勒塞尔布大道上的家，并在她的朋友米西娅的帮助下，搬进了靠近阿尔马桥的带家具的公寓，公寓位于第一层。这年她 35 岁。

在这个风雨交加的春天，还有一场似乎永远不会结束的战争带来的痛苦。更糟糕的是，它似乎正随着德国的新攻势再次开始。在巴黎，人们一直担心来自大贝尔塔炮的新攻击，这种毁灭性的大炮瞄准建筑物或结构的顶部，从 100 公里外的前线汹涌而来。在复活节庆祝活动中，圣杰尔维教堂的拱顶在信徒做礼拜时坍塌了。晚间时分，天空晴朗，大约在晚上 11 点，德军的大型双引擎飞机在巴黎上空低空飞行，随意炮击街区。警报在巴黎拉响。在康朋街，嘉柏丽尔在警报响起后下到地窖避难，当时她穿着白色或酒红色的丝绸睡衣，她的顾客曾向她订购相同的款式。她早已发现长裤的吸引力和优势，在随后的几年里，她经常在私下里穿着长裤：在她舒适豪华的住所里，搭配一件简单的套头衫；或者在法国南部的乡下，穿得飘逸轻盈；又或者在威尼斯的丽都海滩上，仍然着一身白，搭配一件

1923 年，嘉柏丽尔 40 岁。她为让·科克托导演的《安提戈涅》的演员设计了羊毛戏服。

衬衫和一双渔夫鞋……这些裤子是嘉柏丽尔从男人们那里借来的，在很长一段时间里，它们被认为对于女性来说是怪诞的或仅仅是功利性的，然而它们揭示了另一种优雅，兼具朴素之美和实用性。

战争继续肆虐。巴黎人很害怕，有 50 万居民出城了。嘉柏丽尔紧随其后，找到了退居到多维尔或比亚里茨的富裕资产阶级。尽管她不情愿，但这个时装季已经开始。她赚了不少钱。此前一年，她甚至买下了拉拉尔德别墅，那是她在比亚里茨的时装店总部。人们不时可以看到她顶着晒黑的脸在海滩上活动。在她身边，阿德里安娜则躲在自己的阳伞下。为了忘记伯伊，嘉柏丽尔不知疲倦地工作。战前她在多维尔认识了剧作家亨利·伯恩斯坦和他妻子。应他们的邀请，她去了伊泽尔的依泉小镇，在那里她将进行一次疗愈。

由于增援盟军前线的美国人和数百辆雷诺坦克到来，军事形势在 1918 年 8 月出现了有利的扭转，1918 年 9 月，法国领土终于获得解放。在洛林，盟军正准备进攻德国，德国投降并在 11 月 11 日签署了停战协议。当时，纪尧姆·阿波利奈尔刚刚去世，享年 38 岁。毕加索、马克斯·雅各布、安德烈·萨尔蒙、科克托、服装设计师杜塞、保罗·莱奥托、布莱斯·桑德拉尔、费尔南·莱热和安德烈·德兰与穿过巴黎的车队一道，陪同纪尧姆·阿波利奈尔的遗体前往拉雪兹公墓。

此时的欧洲毫无生气，但很快，巴黎又变回一处盛宴之所！为了抹去这四年可怕又致命的岁月，"疯狂年代"在人们的欣喜中开始了。人们随心所欲地结婚，到处跳狐步舞。但嘉柏丽尔并没有投入这普遍的热烈氛围中。

荣耀与痛苦

　　"疯狂年代"是嘉柏丽尔的黄金时代。她自由、富有且声名在外。她的情人有贵族如迪米特里大公、威斯敏斯特公爵等，也有诗人皮埃尔·勒韦迪和布景师保罗·伊里伯。早在 1921 年，她的 5 号香水——第一款由服装设计师签名的香水获得了成功，并一直延续到今天。嘉柏丽尔还给小黑裙强加了严谨性，毫不犹豫地将真假珠宝混搭在一起，背上她的第一款单肩包，穿雨衣或带金色纽扣的西装……她与画家和导演走得很近，并设计了戏剧和芭蕾舞演出服装。

痛 苦

嘉柏丽尔的一生挚爱——伯伊。

第一次世界大战使嘉柏丽尔变得富有且独立。20 世纪 20 年代则为她带来了更多。伯伊在婚后尽可能经常来看她，而她仍然孑然一身。伯伊的妻子迎来了第一个孩子，在 1919 年春天诞下一名女婴。

同年，为了扩大工作室，嘉柏丽尔在秋天离开了康朋街 21 号，搬到了十个门牌号以外的地方。她将住在吕埃伊的拉米拉奈斯，这是一所位于公园中心的大别墅，靠近马拉麦松和圣库库法池塘，十分隐蔽，她有她的两条狗作伴。为了去小巴黎 [1] 和康朋街，她新近给自己买了一辆汽车——黑色内饰的海军蓝劳斯莱斯，并不可避免地把它变得流行起来。嘉柏丽尔

1　此处小巴黎指巴黎省（75 省），吕埃伊位于大巴黎的上塞纳省（92 省），自 1928 年起改称"吕埃伊—马拉麦松"。——译者注

的司机兼技师拉乌尔为她开车。在一个俯瞰康朋街入口的窗户后面，一个小学徒负责宣布嘉柏丽尔的到来——嘉柏丽尔已经36岁了，自称"小姐"。

安托瓦内特结婚了。嘉柏丽尔的这个小妹妹嫁给了在战争期间加入英国空军的加拿大年轻飞行员。嘉柏丽尔为她准备了妆奁和婚服。婚礼于1919年11月11日（第一次世界大战停战纪念日）在巴黎举行。这是一个重逢的机会：伯伊来了，还有莫里斯·德·尼克松（阿德里安娜姑姑的情人），他们是安托瓦内特的证婚人。还有巴尔桑、嘉柏丽尔·多尔兹亚……总之都是罗雅留的人。婚后，这对新婚夫妇踏上了前往安大略省的旅程，那里是新郎的故乡……

嘉柏丽尔和伯伊之间的亲密关系从未停止过：在拉米拉奈斯，他们在一起，忘记了外界的一切。但圣诞节快到了，伯伊开着车飞奔，去和在戛纳度假的妻子及女儿会合，他的妻子再次怀孕了。

1919年12月22日的夜里，罗雅留团体[2]的骑士之一莱昂·德·拉博尔德敲响了嘉柏丽尔的门，将她叫醒。他脸色苍白，含糊不清地说出"伯伊""弗雷瑞斯""汽车""一场车祸"等字眼……车祸中伯伊当场死亡。嘉柏丽尔从此无法释怀，并

2　指之前在罗雅留庄园一起玩乐的那群人。——译者注

1920 年的嘉柏丽尔，此时伯伊去世已经一年了。

香奈儿　COCO CHANEL
une icône

将长期失眠。

来自加拿大的消息也不乐观。安托瓦内特的丈夫去学习法律了，留下他的妻子。这段新近的婚姻已经出现了裂痕。气恼的安托瓦内特抛下了一切，跟随一位探戈舞者去了阿根廷，然而这位舞者很快抛弃了她。1920年初，她在布宜诺斯艾利斯去世，那里的西班牙流感疫情使无数人受害。

嘉柏丽尔离开了吕埃伊的别墅，在加尔什的高处定居，那里离伯恩斯坦夫妇不远。她那能俯瞰花园的大房子名为"贝尔莱斯比罗"，令邻居们不满的是，她一来就把房子的百叶窗涂成了黑色，并迅速把自己锁在了里面。

直到次年夏天，嘉柏丽尔才再次接受米西娅的邀请。米西娅是巴黎上流社会的缪斯女神，曾为维亚尔、图卢兹 - 罗特列克、奥古斯特·雷诺阿和波纳尔当过模特。像萨尔瓦多·达利后来访问巴黎时一样，米西娅与她的伴侣常年居住在巴黎里沃利街茉黎斯酒店的一个可以俯瞰杜乐丽花园的套房里。

米西娅还是一位钢琴家，是加布里埃尔·福雷的杰出学生。她同样善于解读拉威尔和伊戈尔·斯特拉文斯基的乐谱。当时有传言说斯特拉文斯基这位俄国作曲家即将返回瑞士，他在1914年逃离俄国后曾与家人住在那里。他的下一部作品是受谢尔盖·迪亚吉列夫委托、为《普尔钦奈拉》作的曲。《普尔钦奈拉》由迪亚吉列夫为俄国芭蕾创设并制作，毕加索同意为其布景。

米西娅长期支持迪亚吉列夫。后者还想在新演出季开始时恢复《游行》和《春之祭》的表演，尽管 1913 年其在香榭丽舍剧院的首次演出引发了丑闻，奥古斯特·雷诺阿、马塞尔·普鲁斯特和奥古斯特·罗丹等人观看了那场演出。尼金斯基根据斯特拉文斯基的一首令人困惑的乐曲编排了一场狂乱的表演，演出在一片嘘声和口哨声中结束。《春之祭》的诋毁者并不都是保守的资产阶级。莎拉·伯恩哈特并没太看懂这个表演，她向所有愿意听的人宣布："这是跳蚤！会跳的跳蚤！"少数该表演的爱好者是艺术家或作家，他们大部分是年轻人。在米西娅家，嘉柏丽尔坐在大沙龙的一个角落里看着艺术界人士经过，她听着、学着，逐渐从隐居生活中走了出来。

在蒙帕纳斯，"六人团"³ 在名为"屋顶上的牛"的咖啡馆进行晚间表演，在那里科克托、雷蒙·拉迪盖以及众多诗人、画家、音乐家紧挨在一处。

女男孩⁴ 式时尚方兴未艾。报纸对科莱特的小说《亲爱的》

---

3 六人团指 20 世纪前期的六位法国作曲家，分别是路易·迪雷、阿蒂尔·奥涅格（瑞士人）、达律斯·米约、热尔梅娜·塔耶芙尔、弗朗西斯·普朗克、乔治·奥里克。他们都以埃里克·萨蒂为师，反对印象派和瓦格纳派音乐。在风格上，他们大多倾向于新古典主义，创作旋律优雅、结构明晰的音乐。
——译者注

4 20 世纪 20 年代被称为"女男孩时代"，女装设计中开始混入男性化元素，以方便女性跳舞、运动等。——译者注

蒙帕纳斯

　　巴黎是一个独特的国际化的艺术家大熔炉。它是法语文化的中心，地中海文化（以毕加索、米罗、胡安·格里斯、德·基里科、莫迪利亚尼为代表）与东方文化（以苏丁、夏加尔等为代表）也在蒙马特和蒙帕纳斯的咖啡馆里相遇。"黑人文化"浪潮吸引着巴黎上流社会。每个人都迷恋着舞会。艺术家协会、学生协会或上层资产阶级如博蒙伯爵或诺阿伊家族会组织自己的舞会。

20 世纪 30 年代的嘉柏丽尔和舞蹈家塞尔吉·利法尔。嘉柏丽尔所有的简约和现代风格都凝聚在她的服装上：黑色毛衣上的珍珠、宽大的白色长裤和双色渔夫鞋。

蒙帕纳斯的人们组成了一种外国军团，除了远离自己的国家、自己的生活环境之外，他们在良心上没有感到任何罪恶……巴黎把这个角落留给了我们……在这个没有阶级的环境中，它是巴黎的，就像巴黎圣母院和埃菲尔铁塔一样。当一团天才的焰火从这小小的人群中升起时，它的光辉照亮的仍然是巴黎的天空。

——艾尔莎·特里奥莱（出自《外国人的聚会》，伽利玛出版社，1956 年）

进行了评论，科莱特在小说中描述了业已结束的"母鸡"时代。20 年后，科莱特为《女性》杂志绘制了一幅嘉柏丽尔工作时的美丽肖像。以此同时，巴黎是一场盛宴。

米西娅和塞尔特在一起生活 12 年后于 1920 年 8 月结婚。这对夫妇去了意大利的罗马和威尼斯度蜜月。嘉柏丽尔被说服陪同他们。米西娅和她的丈夫确信，意大利的辉煌、绮丽将使嘉柏丽尔重新爱上生活。

在意大利，嘉柏丽尔尤为喜欢威尼斯，它是拜占庭、意大

20 世纪 20 年代，执导俄国芭蕾舞团的迪亚吉列夫（右二）经常在威尼斯与资助人朋友及俄国流亡者会面。

利和东方诸国之间的一个伟大的折衷。在圣马可广场的弗洛里安咖啡馆，她遇到了迪亚吉列夫，他是再次来为他的俄国芭蕾舞团寻求波兰人米西娅的帮助的。回到加尔什后，嘉柏丽尔邀请斯特拉文斯基与他的家人一起在贝尔莱斯比罗住下。这位时装设计师已经与这位作曲家熟识，并欣赏和捍卫这位在艺术界享有巨大声望的无产阶级流亡者的音乐，毕加索则刚刚为他画过肖像。斯特拉文斯基爱上了嘉柏丽尔，而嘉柏丽尔却没有给他有希望在一起的任何回应。尽管如此，她还是在经济上帮助了他十年，就像她以同样低调的方式支持俄国芭蕾舞团和迪亚吉列夫一样——很久以后，迪亚吉列夫的秘书鲍里斯·科赫诺才在信件中提到了这种持续性的支持。嘉柏丽尔是艺术的赞助人。她并没有就此停止对艺术家的支持和赞助。

剪短发、穿男装的作家科莱特的画像。作为解放的标志，她于 1902 年剪掉了长发。

在加尔什，斯特拉文斯基的四个孩子的笑声和嬉戏声回响在贝尔莱斯比罗的花园里。主人（嘉柏丽尔）把自己锁在客厅厚重的门后面工作时，他们是不被允许进入客厅的——不和谐的和弦声从钢琴中传出。斯特拉文斯基和他的家人在嘉柏丽尔那里一直住到 1922 年。为了感谢她，这位音乐家把他最珍贵的物品送给了她。那是一幅曾属于他家族的圣像，他在流亡途中都带着它。从那以后，嘉柏丽尔也未曾离开过它。

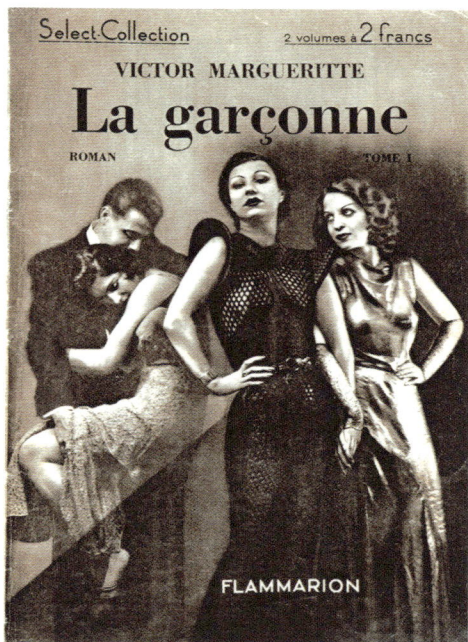

嘉柏丽尔对女性有很大的影响力。对我来说，她从来不是一位女性朋友，而是一个男性友人。

—— 嘉柏丽尔·多尔兹亚

维克多·马格里特于 1922 年出版了小说《女男孩》。图为弗拉马利翁出版社 1934 年版的该小说封面。

女男孩

　　第一次世界大战结束时，女男孩风格开始形成，并在 1926 年达到顶峰，一直持续到 1929 年。女男孩风格强调瘦小、苗条、纤细，据说这一称呼来自维克多·马格里特于 1922 年出版的一本小说。小说讲述了一个年轻的短发女子按照自己的意愿生活，她打着领带并穿着男人的外套。在轮廓方面，对于长度达到膝盖以下的衬衣式连衣裙，这种风格注重简化的剪裁胜过对面料的选择，要求白天和晚上都可以穿着；头发要剪得很短，帽子压在额头上。嘉柏丽尔和让·巴杜均受到了这种全新的简单风格的影响。

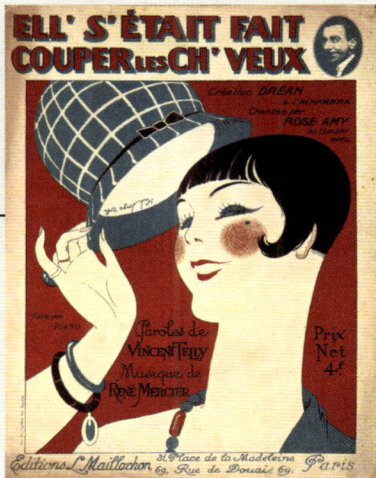

俄国时期 [1]

嘉柏丽尔在 1922 年设计的一款鸡尾酒裙的面料
细节：黑色织锦纱罗、金色复合线、双绉。

1　这一时期香奈儿的设计受俄国影响很大，故将这一时期称为"俄国时期"。——译者注

香奈儿　COCO CHANEL
une icône

　　斯特拉文斯基和他的家人并不是唯一围着嘉柏丽尔转的流亡者。在康朋街，和在其他地方一样，时装店也在过"俄国时间"。它们雇用了很多杰出的年轻女性，那些身无分文的"公主"最终成为出色的女销售员、有天赋的刺绣师或优雅的模特。几年后，嘉柏丽尔购买了一位年轻的俄国女作家制作的项链，是由女作家的诗人情人卖给时装店的：艾尔莎·特里奥莱的项链帮助路易·阿拉贡度过了那些放纵的年月。

　　在保持简约品味的情况下——尤其是从美国志愿者的斗篷

迪米特里·巴甫洛维奇·罗曼诺夫大公（1889—1942 年）。在1920—1921 年这一段时间里他与嘉柏丽尔相爱。

得到灵感，嘉柏丽尔制作了运动斗篷——嘉柏丽尔逐渐让各种"斯拉夫"的影响在她的系列中体现出来。她装饰毛皮大衣——我们从未在她此前的系列中看到这么多——并在她的黑色或棕色绉纱连衣裙上绣上五颜六色的图案、玻璃珠或亮片。1922年，著名的俄国乡村刺绣上衣让巴黎的女性兴奋不已。

1920 年的夏天，嘉柏丽尔仍在痛苦地逃离斯特拉文斯基的追求，而他不听劝告。正如她每年夏天所做的那样，她去了比亚里茨打理生意。正是在那里的皇宫酒店，她遇见了沙皇尼古拉二世的侄子迪米特里·巴甫洛维奇·罗曼诺夫大公。在与

香奈儿 COCO CHANEL
une icône

晚礼服，用黑色丝质绉绸、午夜蓝
亮片刺绣、浅蓝色丝质绉绸制成，
约 1923 年。

香奈儿的服装款式——水獭皮
斗篷和灰褐色大衣，1923 年。

尤苏波夫亲王一起参与刺杀拉斯普京之后，他不得不逃离俄国前往波斯。他躲过了俄国革命，在欧洲过着富足无忧的流亡生活，费用由他当时的情妇、科米克歌剧院的著名歌手玛尔特·达维利承担。29 岁的迪米特里伤痕累累、性格极端，但非常英俊。这一次，嘉柏丽尔被这个斯拉夫人[2]的灵魂征服了。他们的恋情持续了一年，在此期间，他们形影不离，从巴斯克海岸到阿尔卡雄岸边的房子，从波尔多的葡萄园到蒙特卡洛一直到里维埃拉海岸……当他们来到巴黎，迪米特里在他忠实的男仆皮奥特的陪同下，在加尔什与嘉柏丽尔共同生活，与一直在那里的斯特拉文斯基及其家人居住在一起。

与此同时，嘉柏丽尔继续在康朋街招工：她雇用了迪米特里的亲戚，并在秋天把迪米特里的姐姐玛丽大公夫人安排在一个工坊里管理大约 50 名刺绣女工。

1921 年推出的第一本 Vogue（法国版）杂志赞扬"嘉柏丽尔那富有创造力的刺绣"，却不知道她为时尚界和香水界还准备了一个重大的惊喜。

嘉柏丽尔的事业比以往任何时候都成功，她脑中有了新的项目和想法。在米西娅的鼓励下，她考虑了一段时间推出香水的问题，因为她深知时尚和香水的互补性。博瓦莱在 1911 年

2　俄罗斯人属于斯拉夫民族，因此在这里称其为斯拉夫人。——译者注

已经预感到了这一点，他创造了玫瑰心香水[3]，以此作为对他女儿的致敬。像珠宝、扇子和玳瑁梳子一样，香水已经逐渐成为优雅的主要资产之一。博瓦莱并没有偏离在"美好年代"非常流行的香水类型，这些香水都是以单一的花朵或过于花哨的花束为香味基调的。在 20 世纪 20 年代初，人们为东方世界所陶醉，以"庞贝""古典紫""金色梦"等为名的香水的香味从风格同样矫揉造作的香水瓶里逸出。

在一次前往蒙特卡洛的汽车旅行中，途经格拉斯时，迪米特里把嘉柏丽尔介绍给厄内斯特·波——一位年轻的制作香水的法国化学家。厄内斯特·波出生于莫斯科，在 1917 年俄国的一场革命后回到法国。战前厄内斯特·波在俄国是拉莱公司的调香师，该公司成立于 1842 年，是一家重要的法国公司，为俄国沙皇和欧洲其他宫廷提供香水。嘉柏丽尔与厄内斯特·波相处得很好。

3　法文原名为"Rosine"，该香水的命名来源于博瓦莱的大女儿。——译者注

| 1921 年 | 1930 年 | 1950 年 | 1970 年 |

女士香水

在 1850 年至 1914 年，时尚和香水同时发展。法兰西第二帝国创造了庄严的身形，但在涉及气味时，简朴则是当时的主流。女性在手帕上闻花束的味道，用古龙水让自己变得清爽。随着身体的伸展，气味也越来越浓。20 世纪第一个十年是一个人们对科学和进步充满热情的时期。嗅觉世界被梦想的世界迷住了。气味浓烈的香水足以将人"催眠"，让人在诗意和狂喜之间游弋。鲜花主题的模棱两可让人想起刘易斯·卡罗尔笔下的花季少女[4]——她正走向

4 此处的少女指《爱丽丝梦游奇境》里的主角爱丽丝。——译者注

1970 年 **1986 年**

香水是无形、
极致且难忘的配饰。

—— 嘉柏丽尔·香奈儿

奇妙的内心地狱……那些女演员则充当了模特。

　　调香师是匿名的人，他们管理着有限的想法和配方的库存。随着化学的出现，气味的组合领域产生了空前的创造力。在"疯狂年代"的前期，服装设计师与香水商争夺东方香调或花香气息，它们被装在由著名水晶制造商制作的豪华香水瓶里，并由知名装饰家或画家进行装饰。此时，容器仍然优先于内容物。嘉柏丽尔长期以来一直以朴素和简单著称，她将颠覆这种局面。

20 世纪 20 年代初，在蔚蓝海岸的嘉柏丽尔。

5 号：幸运数字

　　在这一年里，应嘉柏丽尔的要求，调香师一直在工作。厄内斯特·波向嘉柏丽尔展示了他试验的香水配方——该配方基于五月玫瑰和格拉斯茉莉的花香调，并向她提供了两个系列的样品，分别是编号从 1 号到 5 号的系列和编号从 20 号到 24 号的系列。嘉柏丽尔最喜欢的是 22 号，她在第二年就将其推向市场。但在 1921 年 5 月 5 日的系列发布会上，她选择了一款与之非常相似的香水，即 5 号香水，这个数字一直都为她带来好运。她说："这将是一个有女性味道的女性香水。"厄内斯特·波用 80 种成分组成了一束"抽象花束"，这一合成的、融合的、抽象的整体在醛的作用下振动，突出了芳香的味道，"就像草莓上的一抹柠檬"。瞬间，5 号香水就超越了同时代的成规。它明显不同于其他香水，以一个介于正方形和长方形之间的简单香水瓶呈现，瓶子边缘圆润，方形瓶盖上刻有双"C"。瓶身上是一个白色的标签，上面香奈儿的名字是简单的黑色，还有一个数字。在这里，容器将风头让给了琥珀色的香水。

通过 5 号香水，"疯狂年代"又向抽象化迈出了一步。为了更广泛地销售产品，嘉柏丽尔与已经拥有妙巴黎公司的皮埃尔·韦特海默签署了一项协议，成立了一家名为"香奈儿香水"的公司，在 1924 年至 1928 年推出 22 号、栀子花、岛屿森林和俄国皮革香水。而凭借 5 号香水——这个绝对的畅销品，嘉柏丽尔发了大财。

雅克·波尔格自 1978 年起就担任香奈儿香水的调香师，2008 年，他重新审视了 5 号香水，并推出了新款 5 号香水——香奈儿 5 号低调奢华版女性香水，其香味极为清新和轻盈——这得益于"香奈儿风格的诗意语法"。

诗人万岁！[1]

1926 年，在法国昂蒂布，科克托、毕加索、斯特拉文斯基以及于 1918 年与毕加索结婚的奥尔加·科克洛娃。

---

1 此处致敬科克托，他自称诗人，把自己写的剧本称为戏剧诗。——译者注

香奈儿 COCO CHANEL
une icône

嘉柏丽尔和迪米特里的恋情逐渐消亡。年轻的大公娶了一个美丽的美国女人，而且是一个富有的女继承人。尽管如此，迪米特里和嘉柏丽尔仍然是朋友，直到他在 1942 年去世。

1921 年秋天，时年 38 岁的嘉柏丽尔离开了加尔什的房子贝尔莱斯比罗，同时仍然允许斯特拉文斯基和他的家人留住在那里。为了更靠近康朋街，她搬进了位于圣奥诺雷市郊街[2] 29 号的公馆。她先是租了底层，很快又租下了第一层，整套房子可以俯瞰一个巨大的法式花园。该建筑已被列入历史遗产名录，因此不能改变其装饰。嘉柏丽尔在那里放置了她的科罗曼德屏风和一架三角钢琴。公馆内珍贵的物件和地毯逐渐多了起来，并带有些许巴洛克风格，这种装饰灵感来自塞尔特夫妇。棕色、米色和金色构成了嘉柏丽尔与朋友们以及上流社会人士频繁会面的理想剧场的色调。嘉柏丽尔有时会接待斯特拉文斯基、米

2　"市郊"一词的法文原文为"faubourg"，原指城墙或城门外的街区；随着巴黎的城市发展，后用来指市中心"le centre-ville"和市郊"la banlieue"之间的城市街区，如"圣奥诺雷街区"。现在巴黎仍有八条街的名称中带有"市郊"一词，提醒人们其曾属于某一市郊街区，如"圣奥诺雷市郊街"。——译者注

巴黎的"屋顶上的牛"咖啡馆,"六人团"在两次世界大战之间的日子每晚以音乐招待客人。

西娅或毕加索。

1922 年年末,演员查尔斯·杜林拜访了嘉柏丽尔,他也是阿特莱尔剧院的负责人。嘉柏丽尔在凯丽雅西斯处上韵律舞蹈课时认识了他。凯丽雅西斯给嘉柏丽尔提供了为科克托改编的《安提戈涅》制作戏服的机会。毕加索负责布景设计,六人团成员阿蒂尔·奥涅格负责配乐。

六人团的成员是六个朋友:乔治·奥里克、热尔梅娜·塔耶芙尔、路易·迪雷、弗朗西斯·普朗克、达律斯·米约和

香奈儿 COCO CHANEL
une icône

阿蒂尔·奥涅格，他们在音乐品味上都很激进且毫不妥协。他们厌恶印象派音乐，能够在某一天崇拜斯特拉文斯基，但第二天就把他拉下神坛……他们在布瓦西-丹格拉斯路的"屋顶上的牛"咖啡馆见面，这家咖啡馆的名字来源于科克托的一个戏剧。在那里，他们与保罗·莫朗、勒韦迪、塞尔吉·利法尔、艾蒂安·德·博蒙、米西娅、毕加索、曼·雷接触，曼·雷拍摄的肖像装饰着那里。

《安提戈涅》首次演出时，观众们都惊呆了。人们将布景比作耶稣降生的场景，将毕加索的面具比作狂欢节的橱窗，而嘉柏丽尔则被传言已经成了希腊人。她回答说："（为了表现）希腊，就该用羊毛，而不是用丝绸。"Vogue 在 1923 年 2 月号上称赞了她为这部作品设计的戏服，"这些中性色调的羊毛连衣裙给人的印象是像几个世纪后被重新发现的衣服"。"我选择了米色，"她解释说，"因为它是天然的，没有经过染色。我选择了红色，因为它是血的颜色，我们有如此多的血液在体内，我们必须在外部展示一些……"Vogue 既没有提到毕加索，也没有提到阿蒂尔·奥涅格，更没有提到安托南·阿尔托。在当时这个醉心于吉特里的戏剧作品的巴黎，先锋派及其艺术家们还未引起人们的兴趣。

1924 年

《蓝色列车》、科克托与毕加索

诗人勒韦迪。

　　《安提戈涅》的公演失败并不妨碍科克托继续创作他的系列戏剧作品。他写了《蓝色列车》，以连接巴黎和蓝色海岸的快速列车为这部作品命名。这是一部没有对白的歌剧，在法国南部的阳光下"起舞"，科克托在剧中嘲笑度假的上流社会群体。该剧于 1924 年由迪亚吉列夫制作。音乐是由达律斯·米约创作的，布景设计由亨利·洛朗斯负责——他是一位从未为

香奈儿 COCO CHANEL
une icône

剧院工作过的雕塑家。亨利·洛朗斯用纸质拼贴画创造了一个时髦的海滩，在那里有游泳者、网球运动员、高尔夫球员和正在徘徊的男同性恋者。所有演员的服装都是由嘉柏丽尔设计的。

亨利·洛朗斯是勒韦迪的朋友，嘉柏丽尔在米西娅家已经见过勒韦迪了：第一次是在 1919 年，在伯伊死后的第二天。勒韦迪离开了他的出生地——纳博讷的葡萄园，他是一位诗人，毕加索为他的文本绘制了插图。1917 年，为了生存，他在一家印刷厂当校对员。战况最糟糕的时刻，他刚刚复员。在纪尧姆·阿波利奈尔的鼓励和帮助下，他创办了《南北》杂志，这是一本为留在前线的士兵准备的诗歌杂志，它的名字源于连接蒙马特和蒙帕纳斯的地铁线，这两个地方是巴黎画家和诗人的两个故乡。路易·阿拉贡、纪尧姆·阿波利奈尔、马克

她的愤怒，她的邪恶，她的奇珍异宝，她的创作，她的奇思妙想，她的无理取闹，她的仁慈以及她的幽默和慷慨，最后构成了一个可爱的、有吸引力的、令人厌恶的、极端的……最终极度人性化的人物。

—— 让·科克托

玛丽·洛朗桑画的嘉柏丽尔，1923年。

斯·雅各布、特里斯坦·查拉、安德烈·布勒东和勒韦迪为《南北》撰写文字，安德烈·德兰、乔治·布拉克、费尔南·莱热和胡安·格里斯为其画插图。尽管有米西娅和书商阿德里安娜·莫尼耶的资金支持，这本持续了16期的出版物还是在1918年因缺乏资金而停刊了。

勒韦迪和嘉柏丽尔相遇时，他们立即发现彼此对世界的看法有一些共同之处。勒韦迪向嘉柏丽尔介绍了他的诗歌，他们的友谊逐渐让位于爱情。但他们的关系只能是时有时无的，勒韦迪已经结婚。他尽管受益于嘉柏丽尔和米西娅的慷慨相助，却是个"苦行僧"。1926年，他在萨尔特省靠近索莱姆修道

《蓝色列车》

在《蓝色列车》中，嘉柏丽尔设计了与她的系列作品相似的服装，让穿着者可以运动乃至完成各种杂技动作，"让它比真实更真实"——正如科克托要求的那样。人们可以在舞台上认出由尼金斯基的妹妹尼金斯卡扮演的网球冠军苏珊娜·朗格伦的身影。嘉柏丽尔使用了泽西针织面料、经编面料和粗花呢。对粗花呢的使用，她是从高尔夫服装中获得的灵感，威尔士亲王刚刚在英国掀起了穿着它的风潮。首演于1924年6月13日举行。而在演出前，嘉柏丽尔在后台手拿剪刀修饰舞者的服装到最后一刻。毕加索为这个表演画了画。在舞台幕布上再现了这位画家的水粉画，画面表现了两个在海滩上奔跑的女人。尽管设置有些复杂，但演出受到了公众和评论家的好评。嘉柏丽尔、达律斯·米约和科克托都受到了热烈欢迎。

我们是凭借无法被别人学去的东西获得成功的。

—— 嘉柏丽尔·香奈儿

20 世纪 30 年代,嘉柏丽尔在她位于康朋街 31 号的公寓里。

院的地方烧掉了大部分手稿,之后便从这个世界隐退了。尽管如此,嘉柏丽尔还是像往常一样低调地继续支持他作品的出版商,并持续了很多年。她保留着这位诗人的初版图书、买回他的手稿,阅读它们并经常重读。他们的友谊一直持续到 1960 年勒韦迪去世。

在康朋街,嘉柏丽尔聘请艾蒂安·德·博蒙作为珠宝工作室的设计师,他将为香奈儿品牌创作彩色人造宝石长项链,一直到 1930 年。他们已经认识好几年了，但艾蒂安·德·博蒙从未邀请过嘉柏丽尔参加他的聚会。那些聚会与查尔斯和玛丽-劳尔·德·诺阿伊组织的活动一样受欢迎。巴黎上流社会群体与先锋艺术家混在一起，而才华比金钱更重要。1922 年，马塞尔·普鲁斯特就是在艾蒂安·德·博蒙的一次晚会上最后一次公开露面。

1924 年的春天，艾蒂安·德·博蒙在家里组织了"巴黎之夜"，这是那个季节最令人惊讶的艺术活动。即使是对竞争持谨慎态度的迪亚吉列夫也对马辛[1]、埃里克·萨蒂和毕加索的活剧[2]和哑剧大加赞赏。不过，在这些聚会上，人们开始佩戴外观像贵重珠宝但使用人造宝石制作的"时装珠宝"。嘉柏丽尔从不放过任何取笑传统的机会，她颠覆了传统。白天，她在简单的毛衣上佩戴一般为晚上准备的珠宝，脖子上挂着用假珍珠制成的长项链以及受文艺复兴或拜占庭艺术启发的镶嵌彩色宝石的项链。而在晚上，她常常不戴任何珠宝。

1　即莱奥尼德·马辛，法文原名为"Léonide Massine"，俄国芭蕾舞团的首席舞者及编舞。——译者注

2　法语原文为"tableaux vivants"，"活剧"在字面上是指"活"的戏剧，但它不是由演员化装后在舞台上演出，而是在现实生活中发生的、有戏剧性或感染力的人物故事或离奇场面，是对生活的壮美或曲折的概括。

——译者注

1925—1930 年，钢琴家玛塞勒·梅耶和嘉柏丽尔在威斯敏斯特公爵的游艇上。

1925 年 / 1926 年
英国岁月

　　《蓝色列车》大获成功后，嘉柏丽尔得以前往蒙特卡洛休息。她与一位英国朋友兼客户薇拉·贝特一起度假，此人与英国王室有关系。正是她把嘉柏丽尔介绍给一个英俊、优雅且迷人的男人，而这个男人恰好也是英国最富有的人。他就是威斯敏斯特公爵，被他的朋友称为"本多"，他立即爱上了嘉柏丽尔。他追求她，在他第二次离婚后、第三次结婚前对她呵护备至。

此后的五年间，嘉柏丽尔过着奢华的生活。她收到许多礼物和花束，有野花或在伊顿庄园的温室里种植出的山茶花（她很爱山茶花），还有藏在篮子里的珍贵珠宝……只要有机会，她就到威斯敏斯特公爵众多住所中的某一处与他会合，它们位于英格兰、苏格兰、里维埃拉或蒙特卡洛。

嘉柏丽尔经常乘坐本多的豪华游艇去巡游，本多最喜欢的就是航行。但嘉柏丽尔很快就厌倦了，她不太明白公爵总是用望远镜如此长时间地仔细观察大海会有什么发现。而她呢，每当她看向远方，她从不会注意到任何东西。有一天，这艘四桅帆船停靠在巴塞罗那。嘉柏丽尔下了船，立即跳上一辆出租车去了夏纳，而本多仍在做一些"蠢事"。很久以后，嘉柏丽尔还在为这件事发笑。

她最喜欢公爵的是他从不穿新衣服，而是 25 年如一日地穿同样的粗花呢外套。更重要的是，他不是一个势利的人。在陆地上，他们靠近马群生活。公爵的绰号"本多"就来源于其家族马厩中的一匹名马。

不用公爵请求，嘉柏丽尔就会陪他去赛马场。在伊顿庄园，公爵于周末设晚餐和舞会招待客人，他把她介绍给他儿时的朋

1928 年，在迪耶普附近，嘉柏丽尔与温斯顿·丘吉尔
及其儿子伦道夫一起打猎。

友，还有威尔士亲王——也就是未来的国王爱德华七世，几年后他将退位并与美丽的沃利斯·辛普森结婚——以及丘吉尔，当时人们还不知道他将在第二次世界大战中发挥多大的作用。丘吉尔欣赏嘉柏丽尔，喜欢她的幽默，和她说法语——因为她坚决不说莎士比亚使用的语言。

然而，在一次狩猎旅行之后，嘉柏丽尔立即回到了巴黎的康朋街，把自己关在那里工作，这种事是时常发生的。

1920—1925 年的嘉柏丽尔。

1926 年

一条黑裙

    在巴黎，最初计划于 1915 年举办却因战争而不断推迟的装饰艺术博览会，终于在 1925 年 4 月问世。装饰艺术的兴起，黑色、白色、米色以及与几何图案冲突的颜色，为未来十年的西方美学定下了基调，一举摧毁了从 18 世纪继承下来的装饰潮流。与此同时，一些美国人也在巴黎定居：作家如厄内斯特·海明威和亨利·米勒；摄影师如曼·雷，他尝试了超现实主义摄影，后来得到了李·米勒的协助。一位年轻的黑人女性

香奈儿 COCO CHANEL
une icône

两位身穿泽西针织衫和黑色绉纱服装的香奈儿模特，载于 *Vogue*（法国版），1926 年。

约瑟芬·贝克——她在那时还不为人知，在黑人舞会获得了成功。黑人舞会位于布洛梅街 33 号，几乎是正好在安德烈·马松和胡安·米罗工作室的窗下，他们在这条街的 45 号拥有同一楼层的两个工作室。保罗·莫朗、弗朗西斯·卡尔科、安德烈·纪德以及超现实主义者们，最后整个巴黎上流社会群体都涌向了黑人舞会，以发现美丽的约瑟芬·贝克的惊人能量。在为她伴奏的管弦乐队中，另一位年轻的无名小卒吹起了小号：

他就是西德尼·贝彻。

在时尚界，由让娜·浪凡[1]、芭甘和卡洛姐妹所倡导的浪漫主义运动被女男孩风格取代，在这个骚动的环境中，女性时尚的外貌准则发生了彻底改变。香奈儿和巴杜是领导者，巴杜自1921年以来在运动装制作方面表现出色，其为网球冠军苏珊娜·朗格伦提供在球场上和城市中使用的服装。意大利人艾尔莎·夏帕瑞丽和吕西昂·勒隆也为优雅女性的新的工作生活设计服装；俄国画家索尼娅·德劳内的彩色泳装风靡一时，她与雅克·海姆共用一家精品店。不过，嘉柏丽尔是最受媒体青睐的人。人们经常会关注她设计的下摆缩短但及膝的连衣裙，以及她比以往任何时候都更为频繁地从威斯敏斯特公爵那非常英式的更衣室里借来的服装，包括西装外套、袖扣衬衫、短大衣、粗花呢外套和针织毛衣。所有这些和一顶小小的钟形帽搭配起来穿着，帽檐低到眼睛处——她便是如此装扮自己。

事实上，在康朋街，时尚是绝对的英式风格，被打上了贵族的烙印。正是在这样的背景下，1926年的一个晚上，嘉柏丽尔在歌剧院扫视了一下满座的观众，那里的女性打扮相对于她来说都太过沉重且色彩斑斓。一个想法在她心里变得很明确：必须回到一条黑裙那种最基本的简单设计上。

1　法文原名为"Jeanne Lanvin"，也译作"珍妮·浪凡"。——译者注

做一条黑裙，是很难的事。

—— 嘉柏丽尔·香奈儿

有比黑色更美的吗？

　　1926 年，嘉柏丽尔推出了双绉绸"小黑裙"。它是如此优雅，以至于决定性地赋予了黑色以高贵的属性。这款裙子看起来几乎没有个性，简单到"不凸显胸部，不凸显腹部，不凸显臀部"。Vogue（美国版）将其比作底特律工厂批量生产的汽车之一，并预言"香奈儿版福特"将获得同样巨大的成功。香奈儿为大众打开了优雅的大门。

塞尔吉·利法尔在 1928 年担
当《缪斯的指挥者阿波罗》的
主角，该芭蕾舞剧由俄国芭蕾
舞团制作、由乔治·巴兰钦基
于斯特拉文斯基的音乐编舞。

魂归威尼斯

　　同年，即 1926 年，在艺术剧院，皮托耶夫夫妇在科克托
的戏剧《奥尔菲》中所穿的毛衣、连衣裙以及粗毛线衫都是由
嘉柏丽尔设计的。两年后，嘉柏丽尔帮助斯特拉文斯基完成了
迪亚吉列夫在莎拉·伯恩哈特剧院制作的《缪斯的指挥者阿波
罗》的歌曲创作。编舞者是一位年轻的俄国人，乔治·巴兰钦。
在这个独幕作品中，嘉柏丽尔设计了一件用简单的打结领带固定的古希腊外衣。

1928 年，嘉柏丽尔在蒙特卡洛后面的罗克布吕内高地上买了一块地，威斯敏斯特公爵的游艇经常停泊在那里。她想在那里建一所度假别墅，名为"拉保萨"，邻近丘吉尔和她那些伦敦朋友们的度假别墅。在拉保萨，超过 40 个房间分布在三栋建筑中，建筑风格严谨，可以俯瞰天井，里面还有一棵巨大的老无花果树。在房子周围，面朝大海，她重新种植了一些百年橄榄树。在一年的时间里，她每月监督那里的工程。

当他们终于可以在那里居住时，公爵却更喜欢待在蒙特卡洛，在赌场玩耍或在他的船上招待友人。他风流成性，而嘉柏丽尔不能给他一个孩子，她看着他渐渐远离。

1929 年的夏天，她接受了与米西娅的最后一次巡游。米西娅被丈夫伤害了，她的丈夫也十分风流，坚决要找情妇。在亚得里亚海正中，她们在船上收到一条消息：迪亚吉列夫在威尼斯去世了。他于 8 月 19 日离世，就在嘉柏丽尔 46 岁生日那天的早晨。

嘉柏丽尔和米西娅在圣米歇尔岛上举办了葬礼。在一艘黑色的贡多拉 [1] 上，两人都穿着白色的衣服。陪同她们的是迪亚

1　意大利威尼斯特有且最具代表性的传统划船，船身全部为漆黑色，船头和船尾向上弯，由一名船夫站在船尾划动。——译者注

吉列夫的秘书鲍里斯·科赫诺和俄国芭蕾舞团年轻的希望之星塞尔吉·利法尔——他刚刚饰演了《缪斯的指挥者阿波罗》里的角色。嘉柏丽尔承担了所有费用，正如几年前她为年轻作家、科克托的朋友雷蒙·拉迪盖的葬礼所做的那样。

葬礼结束后，本多再次扬帆起航，在随后的日子里，人们看到嘉柏丽尔出现在丽都海滩上，她经常在那里与俄国芭蕾舞团的成员会面。她没有穿她讨厌的短裤，而是穿了一件白睡衣。回到拉保萨后，嘉柏丽尔在那里接待她的艺术家朋友们。他们一起谈论了夏初她在巴黎为俄国芭蕾舞团和朋友迪亚吉列夫举办的盛大晚会，没有人会想到那是迪亚吉列夫最后一次在巴黎露面。

巴黎的秋天不是一个欢快的季节。人们待在"屋顶上的牛"咖啡馆里，而心已经不在此处了，尽管巴黎在表面上很奢华，但人们感到更多的是晕眩，而不是好玩。美国纽约证券交易所的崩溃使欧洲的"灯光"也熄灭了。社会危机和失业接踵而至。在法国，长期以来一直依赖美国的高级定制时装业正受

模特身着香奈儿黑色绉纱连衣裙，爱德华·斯泰肯，1926年。

香奈儿 COCO CHANEL
une icône

嘉柏丽尔身着一件柔软的粗花呢外套，1931 年。

香奈儿 COCO CHANEL
une icône

到影响。为了克服危机，设计师们调低了他们的价格，嘉柏丽尔也是。服装上的刺绣和饰带都取消了，工坊也在裁员。太过孩子气且调皮的女男孩风格被设计师们放弃了，他们转而采用更加柔和且突出曲线的设计。裙子根据一天中的不同时刻而被延长并扩大了裙摆。嘉柏丽尔白天穿着不加修饰的泽西针织衫，晚上则换上极简单的蕾丝薄绸晚礼服。

威斯敏斯特公爵决定与英国宫廷礼仪主管的女儿结婚。在嘉柏丽尔的家族这边，她的姑姑阿德里安娜终于和莫里斯·德·尼克松结婚了。整个罗雅留团体都参加了婚礼。

随着威斯敏斯特公爵离去，嘉柏丽尔与勒韦迪重新联系起来。他帮助她以格言的形式写下她对时尚和优雅的看法。杂志和评论经常要求她这样做。这是一个恢复关系的借口，而这种关系仍然像从前一样混乱。在巴黎，勒韦迪重新回到了夜生活和他的艺术家朋友圈中。最终在嘉柏丽尔带他去的拉保萨，他把自己关起来写作。这个（二人）故事持续了将近一年的时间。勒韦迪比任何人都清楚如何用文字表达他的思想以及他这位女朋友的想法，嘉柏丽尔也总是要求他来执笔。

对粗花呢的品味

在伦敦的时候，伯伊就已经让嘉柏丽尔修改为她自己制作的衣服了。嘉柏丽尔在苏格兰发现了对粗花呢的使用，她开始用家纺布来清理其他面料包括绉纱和薄纱。根据她的指示，它们很少被水洗，以保持柔软度。

1930 年 / 1936 年

香奈儿理念词典

欧罗巴号客轮抵达纽约，船上的嘉柏丽尔在前往
美国西海岸的途中。

女人们会想到所有颜色，除了没有颜色。我说过黑色
可以掌控一切。白色也是这样。它们有一种绝对的美
丽。这是最完美的搭配。把身着白色或黑色衣服的女
人放在舞会上：人们就会除了她们什么也看不到了。

—— 嘉柏丽尔·香奈儿

1931 年 4 月，嘉柏丽尔乘坐火车前往洛杉矶和好莱坞之前在纽约停留，拍摄了这张照片。

1930 年夏天，嘉柏丽尔在蒙特卡洛与迪米特里重逢，后者将她介绍给了塞缪尔·戈德温——好莱坞的独立制片人兼米高梅和派拉蒙的初创成员之一。戈德温为嘉柏丽尔提供了一份惊人的合同，让她为好莱坞的明星们提供服装，他相信她在美国的巨大名气可以促使受到大萧条严重打击的女性观众重回电影院。嘉柏丽尔不急着回复他。她不需要戈德温的钱，而且她已经认识了有钱的美国女顾客；但另一方面，围绕这些女演员的宣传可以帮她打开美国东西海岸百货公司的大门。

1931 年 4 月，嘉柏丽尔在乘坐欧罗巴号客轮长途跋涉后在纽约上岸。

刚刚与塞尔特离婚的米西娅和康朋街的模特、女工一起加入了这次旅行。在纽约的中央车站,为了给嘉柏丽尔留下深刻印象并取悦她,戈德温包了一辆全白的火车带她去洛杉矶。

在洛杉矶,嘉柏丽尔受到年轻的葛丽泰·嘉宝的欢迎,还与玛琳·黛德丽结为朋友。这两人都将是她的朋友兼客户。她还遇到了埃里克·冯·斯特罗海姆。然而,她的工作完成得并不容易。尽管她有在巴黎的剧院和芭蕾舞团工作的经验,但当时黑白电影正在变得越来越重要。此外,明星们不希望一个服装设计师操纵所有人,即使是非常优雅的香奈儿小姐。她在《今夜或永不》中为格洛丽亚·斯万森设

1932 年 9 月的 Vogue(法国版)封面,白色是鸡尾酒裙的颜色。

伦敦，1932年，在威斯敏斯特公爵的公寓里，香奈儿小姐和帕梅拉·史密斯夫人正在准备香奈儿慈善系列。

计服装，但没有任何后续。在拜访了 *Vogue* 和 *Harper's Bazaar* 的总编后，嘉柏丽尔回到了巴黎。

回去后，她又见到了保罗·伊里伯。作为加利福尼亚电影公司的常客，他为塞西尔·B. 德·米勒的《十诫》制作了布景和服装。他还是一位讽刺插画家、广告人和"美的，好的，杜本内"[1]等广告语的发明者，并为时装设计师兼艺术赞助人雅克·杜塞设计家具。他已婚，但还是有一些对他有帮助的私情，他还勾引了嘉柏丽尔。在法西斯主义开始兴起的欧洲，他所表现出的立场总会引起争议。科莱特无法忍受这个油嘴滑舌且投机钻营的人。然而，保罗·伊里伯的理论开始影响嘉柏丽尔。当经济萧条在欧洲各地肆虐时，嘉柏丽尔开始鼓吹钻石那"确定且永恒"的价值。

1932 年 11 月，嘉柏丽尔在自己圣奥诺雷街区公馆的沙龙里组织了一个名为"钻石珠宝"的展览并举行了开幕式。巴黎上流社会的人都赶来观看。这个想法可能是保罗·伊里伯的，从展览现场那浮夸和好莱坞式的场景设计可以看出来。在展览上，参观者看到了一系列全钻石的珠宝，裸钻被切割并镶嵌成可变换形态的珠宝并呈现在蜡质半身像上，这些蜡质半身像则被放置在黑色大理石底座上。这种带有星星、羽毛和蝴蝶结图案的珠宝没有托座或搭钩。在镜面屏风的巧妙配合以及吊灯的巴洛克式灯光下，一切都以奢华炫目的形式被无限反射。这场拍卖会是为了援助慈善事业，而这次展览上所呈现的光影效果也十分成功。嘉柏丽尔再次创造了惊喜。

1　原为"Dubo, dubon, Dubonnet"，与"Du beau, du bon... Dubonnet"谐音，意为"美的，好的，杜本内"，是杜本内牌苦艾酒的广告语。——译者注

首先导致我开始构想假宝石珠宝的原因是，我发现它们在太过浮夸的时代被轻视了。在金融危机时期，崇尚浮夸的观念逐渐消失，在这种情况下，对真实性的本能渴望重现。而我试图用我对闪亮事物的品味，以饰物来调和时尚的优雅。

—— 嘉柏丽尔·香奈儿

1932 年的"钻石珠宝"展览，由嘉柏丽尔在自己圣奥诺雷街区公馆的沙龙里组织。

香奈儿的黑色亮片晚礼服，1935 年。

保罗和嘉柏丽尔

由保罗·伊里伯为报纸《见证》绘制的封面：具有嘉柏丽尔风格特征的玛丽安娜形象。

嘉柏丽尔与保罗·伊里伯的私情在此之前一直保持低调，此时却被公诸于众。嘉柏丽尔买下了位于蒙福尔 - 拉莫里的拉热尔比埃尔公馆。这本是属于科莱特的丈夫莫里斯·古德凯的房产，由于经济危机，他被迫将其出售。嘉柏丽尔和保罗·伊里伯把这里作为他们的爱巢。

同年，即 1932 年，科莱特出版了《监狱与天堂》一书，书中收集了她在媒体上发表过的文章，在显眼的位置有一段关于"香奈儿小姐"的文字。保罗·伊里伯搬到了嘉柏丽尔在圣奥诺雷街区的房子里。

他们两人都刚满 50 岁。这次展览巩固了他们的联系和他们的私情。嘉柏丽尔资助并重新发行了讽刺报纸《见证》，使保罗·伊里伯重返报刊亭。该报纸是他在 1906 年创办的，但当时只持续了四年。保罗·伊里伯是该报的负责人兼主要漫画家、插画师。为了重新发行，该报采取了明显的民族主义且反动的政治路线。嘉柏丽尔还让保罗·伊里伯参与香奈儿品牌的事务，并委托他发展纺织部门。他被任命为香奈儿公司面料的负责人，一开始他就强行把兄弟多米尼克任命为总监。生产面料的阿尼耶尔工厂此前由伊利亚兹德经营，这是一位未来主义的俄国艺术家，米西娅在 1928 年将其介绍给了嘉柏丽尔。伊利亚兹德为香奈儿公司调配颜色并创造了具有几何图案的面料。作为一名数学家，他甚至完整地设计了一台特定的织机。很快，他与伊里伯兄弟不和并离开了香奈儿公司。

保罗·伊里伯在嘉柏丽尔周围制造了一种热情的、有时动荡不安的气氛。这对恋人经常出现在巴黎上层资产阶级的聚会和舞会上，在那里，在两杯香槟之间，有关两人结婚的传言被悄悄传开。

1935 年夏末，保罗·伊里伯在拉保萨与嘉柏丽尔会合。清晨，他刚从蓝色列车上下来，准备和嘉柏丽尔的朋友们打一场网球。突然间，他感到身体不适。不久之后，他就死在了把他送往芒通一家诊所的救护车上，留下沉默不语且一蹶不振的嘉柏丽尔。

1933 年，康朋街，在嘉柏丽尔的沙龙里正在展示"麂皮的天堂"系列。

香奈儿 COCO CHANEL
une icône

阿尔弗雷德·艾森斯塔特拍摄的香奈儿晚礼服。

康朋街 31 号的入口,
嘉柏丽尔于 1919 年
在此开店。

1935 年

再度单身

在巴黎，嘉柏丽尔听从保罗·伊里伯的话离开了罗昂 - 蒙
巴松公馆，转而租下了康朋街附近一处带家具的小公寓，保
罗·伊里伯曾指责她的生活方式太过奢侈。她搬到了丽兹酒店，
选择了一个可以俯瞰旺多姆广场的套房，她按照自己的喜好进
行了布置并只在那里过夜。不久之后，她又在康朋街那栋楼的
二楼布置了一个私人公寓，白天她可以在那里休息，或者在沙

香奈儿 *COCO CHANEL*
une icône

1933 年在位于巴黎的香奈儿工作室里，女工们正在制作下一个系列。

龙里接待客人，邀请朋友们一起吃午餐或晚餐。那里有艺术品、旧书、时尚的家具和吊灯，宛如一个精心布置的洞穴。里面很少有画作，斯特拉文斯基送她的圣像画和科罗曼德屏风挡住了墙壁，共同营造出"香奈儿小姐"的戏剧性风格。

　　为了逃避悲伤和难过，嘉柏丽尔比以往任何时候都更专注于工作。

在准备新系列的兴奋中，她忘记了一切。在四楼的工作室里，她可以围着一个人体模型连续工作几个小时，周围是她的工头、助手和送布料的搬运工。

她的朋友科莱特会来看她，听她说话。"嘉柏丽尔用十根手指，指甲、手掌边缘、手掌、针和剪刀直接在衣服上工作……'我讨厌一些矫揉造作的东西……在一块品质不错的布料上……按住这里，从那里放手……不，不要做得太小……我不会让自己再说……'嘉柏丽尔不缝纫，至少她不再缝纫了。她已经忘记了。她的工具，她的那把剪刀在一条长长的白丝带的末端，她会除去并总会除去她所谓矫揉造作的东西。""在飞机的线条上有矫揉造作的东西吗？不！你看！"嘉柏丽尔经常说，"我做自己的系列的时候都会想到飞机。"晚上，嘉柏丽尔回到丽兹酒店的套房。为了入睡，她需要注射镇静剂。

1935 年左右推出的香奈儿晚礼服。

1936 年 /1953 年
一个时代的终结

欧洲各处都被点燃。人民阵线赢得了选举，但这并不妨碍社交和艺术生活如火如荼地开展。在时尚界，事情正在发生变化。嘉柏丽尔作为杰出人物之一，摆造型供伟大的摄影师们拍照。她的朋友包括卢奇诺·维斯康蒂、让·雷诺阿、达利、科克托、克里斯汀·贝拉尔，她唯一的竞争对手是意大利服装设计师艾尔莎·夏帕瑞丽……1939 年战争爆发[1]后，嘉柏丽尔关闭了她的时装店。在这些黑暗的岁月里，她在巴黎、法国南部和瑞士之间经历了动荡和矛盾的爱情。为了应对新风尚和战后的高级时装，她于 1954 年重新亮相。

1　指第二次世界大战。——译者注

1936 年，香奈儿时装店的员工在巴黎康朋街 31 号前举行罢工。

香奈儿 *COCO CHANEL*
une icône

在巴黎圣拉扎尔火车站附近的一家商店里，铁皮卷帘门已被放下，店员们正在享受冷饮。

在1936年6月的人民阵线罢工期间，工人们在法国共产党的旗帜下在万塞纳森林示威。

1936 年

新的游戏规则

　　欧洲已经成为一个火药桶。德国军队违反了《凡尔赛条约》，重新占领了莱茵河左岸，希特勒进一步掌权。在意大利，墨索里尼已经执政三年，他掌管着年轻的意大利黑衫党。内战刚刚在西班牙爆发，这是一场悲剧的试炼和演习，最终将点燃整个欧洲。

　　在法国，人们不希望看到任何变故发生。大家只是害怕。5 月的选举刚刚选出人民阵线，莱昂·布鲁姆组建了新政府。

香奈儿 COCO CHANEL
une icône

鲍里斯·利普尼茨基在 1936 年为嘉柏丽尔拍摄的两张肖像，
其中一张里她穿着黑色西装和白色衬衫，另一张里她则突出
展示了贵重或新奇的长项链、戒指和手镯。

如潮的政治和社会事件的影响蔓延到了时装行业。

一天早上，在康朋街，嘉柏丽尔看见了一个罢工纠察队，她们禁止嘉柏丽尔进入自己的时装店。嘉柏丽尔因愤怒而情绪失控，因看到女工罢工而不知所措。员工们的不满包括每周40 小时的工作时间和集体合同。嘉柏丽尔回答说，她没有想过每年为那些想要带薪假期的人提供两周假期待在朗德省的米米藏。嘉柏丽尔与员工对话时的语气变得更加强硬。她没有任何顾虑，甚至向她们提出把香奈儿时装店甩手转让给她们，自己只做受薪的董事。女工们拒绝了。嘉柏丽尔解雇了其中 300人，但员工们的决心是极大的。最后，罢工平息下来，生产恢复了。

从 1936 年起，时尚界的许多事情发生了变化。*Vogue* 的编辑、在美国备受喜爱的美国时装设计师梅因布彻搬到了巴黎。他为后来的温莎公爵夫人沃利斯·辛普森设计了绝美的服装。热尔梅娜·科莱布，也就是未来的格雷斯夫人，以其奢华的褶裥在阿里克斯时装店一举成名。玛德莱娜·维奥内[1]，那位称嘉柏丽尔为"这个制帽商"的设计师，发明了巧妙的斜裁晚礼服并因而风靡巴黎。

---

[1] 即玛德琳·维奥内特，法文原名为"Madeleine Vionnet"，此处为法文音译。——译者注

1937 年，在科罗曼德屏风前，嘉柏丽尔与意大利珠宝商福尔科·迪·维尔杜拉伯爵在一起，后者自 1933 年以来一直为她制作珠宝，包括著名的珐琅手镯。

在这些获胜概率甚微的竞争者中，艾尔莎·夏帕瑞丽惧怕嘉柏丽尔。艾尔莎·夏帕瑞丽与达达主义者关系密切，并与她们共同的朋友科克托、达利和贝拉尔合作了一些夸张的设计，嘉柏丽尔对此并不欣赏。她在谈到艾尔莎·夏帕瑞丽时，说的是"那个意大利人"或"那个做衣服的意大利人"，却从不说出她的名字。

高级时装在巴黎的艺术与技术世界博览会上取得了巨大成功。嘉柏丽尔在法国馆展示了她的服装款式，旁边的意大利馆展出的是贝拉尔的作品 。在当时仍处于共和制的西班牙的展馆里，参观者看见了毕加索的作品《格尔尼卡》，这是在这个巴斯克小城被德国空军轰炸后刚画的。这位画家宣称："绘画并不是为了装饰公寓，它是一种战争工具，具有进攻性和防御性，是用来对抗敌人的！"西班牙共和国政府刚刚象征性地任命他为马德里普拉多博物馆的馆长。对德国馆来说，这不是一个好兆头。

和往常一样，嘉柏丽尔在媒体上被"最伟大"的摄影师拍摄，他们对她充满热情。在这几年中，他们揭示并放大了嘉柏丽尔最美丽且成熟的一面。霍宁根-休内自 1925 年起为 *Vogue*（美国版）工作并在巴黎代表该杂志，正是他拍摄了嘉柏丽尔戴着白色围脖的著名肖像。德国人霍斯特将嘉柏丽尔坐在安乐椅上或躺在沙发上的形象定格在照片中。嘉柏丽尔还为罗杰·沙尔、弗朗索瓦·科拉尔、塞西尔·比顿和鲍里斯·利普尼茨基摆过姿势，后者拍摄了她与一位年轻的西西里人福尔科·迪·维尔杜拉在一起的照片。作为一名珠宝商，福尔科·迪·维尔杜拉是香奈儿品牌著名的珐琅和半宝石手镯的创作者，自 1933 年以来一直与嘉柏丽尔合作。1937 年，他移

艾尔莎·夏帕瑞丽

艾尔莎·夏帕瑞丽是嘉柏丽尔的邻居，从 1927 年开始，她在和平街和旺多姆广场之间游走，并在那里开设了她的沙龙。她将自己定义为一个"有灵感的服装设计师"，从巴黎到好莱坞，她都树立起了标杆。自 20 世纪 20 年代初以来，她就以运动装设计而闻名，在结识达达主义诗人后，她用马戏团和十二宫的刺绣图案来装饰她严肃的西装外套和黑色连衣裙，并以古怪的方式使用面料。沉重的帆布被用于下午的裙装，花呢被用于晚间装，色彩鲜艳的拉链被用于运动装或晚礼服。她喜欢塑料和玻璃纸等新材料以及光

艾尔莎·夏帕瑞丽在她位于旺多姆广场的办公室中，1935 年。

学效果。艾尔莎·夏帕瑞丽寻找超现实主义的诗人和画家，邀请他们将他们作品中的标志性主题应用到她的作品中。科克托为她设计了用塑料和陶瓷制作的蔬菜项链，并在外套的袖子上绣了有长头发的脸。达利把他著名的龙虾和抽屉柜元素应用到连衣裙上。而正是达利的妻子加拉，某天穿着带唇形口袋的西装、头戴一顶"令人震惊的"黑色鞋形帽子亮相，帽子的鞋跟是粉红色的，那顶帽子至今仍很出名。"震惊"也是被艾尔莎·夏帕瑞丽的朋友们称之为"夏帕"的一款标志性香水的名字。战争期间，艾尔莎·夏帕瑞丽流亡到纽约，同时保持她在巴黎的时装店开放。于贝尔·德·纪梵希、菲利普·维内和皮尔·卡丹都曾为夏帕瑞丽工作过。

艾尔莎·夏帕瑞丽——这位意大利女装设计师于1954年永远关闭了她的高级时装沙龙，这一年，嘉柏丽尔回归。

1935 年，在艾尔莎·夏帕瑞丽的沙龙里的一次试装。

1936 年，一位模特穿着香奈儿的晚礼服摆姿势。

1937 年，嘉柏丽尔身着半身裙和条纹开衫，由鲍里斯·利普尼茨基拍摄。

香奈儿 COCO CHANEL
une icône

一件香奈儿双色薄绸晚礼服，1937 年 9 月。

香奈儿的酒红色
羊毛和海狸皮春
秋套装,《巴黎
时装公报》上的
插画,1938 年
10 月。

1936 年 2 月,女
性杂志《弗朗索瓦
丝》封面上的香奈
儿红色大衣。

居美国。

此时一个年轻的意大利人——维斯康蒂的出现分散了嘉柏丽尔的注意力，使她不再孤独。嘉柏丽尔立即感觉到年仅 30 岁的维斯康蒂的才华，并把他介绍给了让·雷诺阿。这位导演让维斯康蒂在几部电影中担任助手，包括《底层》和《乡村一日》。

维斯康蒂和嘉柏丽尔之间的恋情很短暂。维斯康蒂在她身上看到了"女性的美丽、男性的智慧和奇妙能量的混合"。分手后他们还是维持着朋友关系，两年后在电影《游戏的规则》的拍摄现场重逢，让·雷诺阿雇用嘉柏丽尔为那部电影制作服装。

嘉柏丽尔还再次见到了科克托。这次见面是为了一位"俄狄浦斯王"。这两个人有一种明显的亲近的友情，远远超出了嘉柏丽尔对他过于世故和肤浅的恼怒，她相信他的才能，支持他并听从他的意见。至于科克托，他对嘉柏丽尔表示了无条件的认可和支持。他们的道路经常交叉，因为他们有许多共同的朋友。在根据索福克勒斯的作品改编的戏剧《俄狄浦斯王》中，嘉柏丽尔为刚满 23 岁的英俊的让·马莱系上了简单的白色细

1937 - Robe du soir

Jean Cocteau
☆ 1937

The Incomparable Coco, Mademoiselle Chanel,
her white crepe dinner dress her magnificent
multicolored jewels and her hair ribbon.

55

香奈儿 COCO CHANEL
une icône

左图：科克托于 1937 年为嘉柏丽尔
画的晚装肖像，并注释，"无与伦比
的嘉柏丽尔，香奈儿小姐。她的白色
绉纱晚礼服，她那华丽的多色珠宝，
以及在她头发上打结的丝带。"

下图：1948 年，导演兼电影制片
人维斯康蒂。

让·马莱身着嘉柏丽尔设计的服装参演戏剧《俄狄浦斯
王》，该剧根据索福克勒斯的作品改编，由科克托执导，
1937 年在巴黎安托万剧院上演。

带，他令科克托非常着迷。

得益于刚刚签订的《慕尼黑协定》，法国人避免了战争，
但又能避免多久呢？

吉普赛风格的晚礼服，
发表在 Vogue（法国
版）上的画作，1938
年 10 月。

1938 年
格言与警句

1938 年秋天，贝拉尔和勒韦迪都住在拉保萨，勒韦迪写下了"嘉柏丽尔·香奈儿的格言与警句"，这些箴言被刊登在 *Vogue* 的 9 月号上。嘉柏丽尔和艾尔莎·夏帕瑞丽之间的竞争达到了顶峰，尽管两者都为纤瘦的女性提供修长且线条流畅的裙装和严肃的套装。

达利也和他的妻子加拉一起来到拉保萨工作。他正在为蒙特卡洛的俄国芭蕾舞团下一年的歌剧《狂欢之舞》做准备，嘉柏丽尔则将他画的服装制作出来。正如嘉柏丽尔所说，她不喜欢他的装腔作势，但欣赏他假装的疯狂、机智和奢侈。在康朋街的香奈儿工作室，墙上为数不多的几幅画中有一幅是这位画家画的麦穗，但它悬挂在那里更多是因为麦子给这间房子带来了幸运和繁荣的气息，而不是出于任何绘画方面的品味。

香奈儿 COCO CHANEL
une icône

时尚是一位女王，有时也是一个奴隶。

—— 皮埃尔·勒韦迪

香奈儿模特，
1938 年 3 月。

由鲍里斯·利普尼茨基拍摄的嘉柏丽尔，1937 年。

香奈儿 COCO CHANEL
une icône

战争，它又来了

在国际舆论的压力下，爱德华·达拉第最终准许在比利牛斯山脉另一侧、被法西斯分子打败和追捕的西班牙共和党难民通行并进入法国。大约 50 万人在冬天最糟糕的时刻越过了边界。驻扎了 7.5 万人的首批难民营之一是在滨海阿尔热莱的海滩上临时搭建的。摄影师罗伯特·卡帕在 3 月从那里返回时说："那是一座沙地上的地狱。"

在巴黎，人们对即将到来的春天唯一津津乐道的是香奈儿的新裙子——"吉普赛风格的薄绸长裙或布满轻盈的三色花图

《游戏的规则》的拍摄场景，这是一部由让·雷诺阿于 1939 年导演的电影。嘉柏丽尔为电影设计了所有的服装。

这不是一个穿裙子的时代，我感觉一个时代
正在结束，人们将不再做裙子。

—— 嘉柏丽尔·香奈儿

案的长裙"。在沙龙里，人们仍然对国际谈判的结果视而不见。
让·雷诺阿的电影《游戏的规则》在电影院上映时引起了很多
人的嘘声，然而该影片对一个垂死社会的认知是如此清醒并将
其反映了出来。

　　同盟国于 9 月 3 日对德国宣战。嘉柏丽尔做了一个决定：
她要关张了。

　　嘉柏丽尔没有屈服于巴黎高级时装公会的压力，该公会希
望维持原状。她的女工们将被安排到其他时装店或工坊工作，
或将自己开店。香奈儿工坊的负责人露西娅·布泰因此带走了
整个团队。其中，玛侬·利热乌尔当时还是一名年轻的学徒，
但在 14 年后，在香奈儿工坊沉寂很久重新开张的时候，她成

香奈儿的白色褶皱薄绸及欧根纱连衣裙。

为工坊的负责人。人们关掉了工坊的灯，并给沙龙的椅子罩上了灰色的套子。康朋街的这座大楼变得寂静无声。只有一楼的商店仍然开放，销售香水和配饰。

嘉柏丽尔隐居在丽兹酒店和康朋街之间。她的时装店关闭了，她不再向她的兄弟阿尔丰斯和吕西昂支付生活费，她从此再也没有见过他们。她与他们的唯一联系是她的姑姑阿德里安娜，阿德里安娜正幸福地生活在克莱蒙费朗附近。嘉柏丽尔的姐姐朱莉娅 - 贝尔特的儿子安德烈·帕拉斯被征入伍去了前线。米西娅的健康每况愈下。嘉柏丽尔读了很多书，又开始唱歌了。

嘉柏丽尔经常与塞尔吉·利法尔和科克托见面。她是让·马莱的战时教母[1]，让·马莱也被征入伍去了前线，他在左胸的上衣口袋里放了一个科克托的小铜像，那是由西班牙共和党难民、加泰罗尼亚人费诺萨雕刻的。费诺萨住在凡尔赛，他的收藏家和赞助人朋友马烈夫妇借给他一间当地的工作室。宣战后，他与朋友毕加索和科克托的关系变得密切。科克托将他介绍给了嘉柏丽尔。女裁缝和雕塑家之间有过一段短暂的恋情。

---

1 "战时教母"一词是指在第一次世界大战期间与前线士兵通信的妇女或女孩，以便在道德上、心理上甚至情感上支持他们。——译者注

旺多姆广场的丽兹酒店，1934 年起嘉柏丽尔在此定居。

德军占领时期的巴黎。
1940 年 9 月，在歌剧院广
场的德国士兵。

1940 年

至暗年代

　　在持续八个月的"假战争"结束时，即 1940 年 5 月，大
逃亡来了。巴黎像 1914 年一样变成了一座空城。嘉柏丽尔被
带到离波城不远的塞尔贝尔。在那里，她拥有一座 1926 年为
她的侄子安德烈·帕拉斯购买的城堡，过去她曾在那里接待过
迪米特里大公和威斯敏斯特公爵。这对她来说是一个机会，她

在那里再次见到了年迈的巴尔桑。

法、德两国停战协议于 1940 年 6 月 22 日签署。嘉柏丽尔经维希回到巴黎，她发现上流社会人士正在愉快地用餐。丽兹酒店刚刚被征用。一位德国将军注意到嘉柏丽尔放在走廊上的行李箱，并确定她是"做衣服且卖香水的嘉柏丽尔·香奈儿"。他被打动了，允许她住在酒店里。然而，嘉柏丽尔还是放弃了她的套房，躲到了阁楼，那里有两个小房间和浴室，可以俯瞰康朋街。丽兹酒店的老板兼创始人凯撒·丽兹是她的同层邻居。这座宫殿式酒店的一个出口直接通向康朋街，嘉柏丽尔得以低调地进出。

在时尚方面，巴黎不再主宰国际市场。由于战争，新闻界暂停了出版活动。外国设计师们离开了巴黎：艾尔莎·夏帕瑞丽和梅因博彻去了美国，莫利纽克斯和克里德回到了伦敦……

巴黎高级时装公会的主席吕西昂·勒隆成功地阻止了德国当局按照希特勒的意愿将巴黎的裁缝、时装店和其他劳动力转移到柏林。那时人们一致认为，高级时装是为得到纳粹认可的法、德两国客户群服务的。在战争的四年中，有 2 万张特别分

战前的嘉柏丽尔，身穿
海魂衫、长裤和渔夫鞋，
在她的拉保萨别墅的花
园里。

香奈儿 COCO CHANEL
une icône

配卡发放给了富有的法国女性、合作者、德国军官的妻子和情妇。大约有 100 家时装店仍然开放着：芭甘、浪凡、沃斯、皮埃尔·巴尔曼、马赛尔·罗莎、尼娜·里奇、吕西昂·勒隆、雅克·法斯……格雷斯夫人大胆使用法国国旗的颜色做了一个系列，她的时装店因此立即被关闭，直到战后才重新开业。

1941 年，嘉柏丽尔与一位比她小 13 岁的德国外交官有着一段隐秘的爱情，他们往来于拉保萨、洛桑和康朋街的公寓之间。他叫汉斯·冈瑟·冯·丁克拉格，人们叫他"斯帕兹"——在法语里是"麻雀"的意思。她在战前就认识他了，他们相识于当时两人都经常出入的社交圈。丁克拉格的母亲是英国人，父亲是德国人。他说流利的法语，在巴黎接受戈林[1]的间接命令。嘉柏丽尔的侄子安德烈·帕拉斯在德国被囚禁，经过丁克拉格的一个朋友——法国纺织业负责人泰奥多尔·莫姆的交涉，安德烈·帕拉斯获释。从 1941 年起，丁克拉格变得更加低调，他意识到纳粹指挥部能轻而易举地将那些招人口舌的外交士兵送到俄国前线去。

1　纳粹德国的政军领袖。——译者注

对嘉柏丽尔来说，这件事在巴黎解放时引发了问题。1944 年 9 月，得益于丘吉尔和威斯敏斯特公爵的支持，她才得以逃脱指控。她的指控者们不得不承认，英国情报局在整个战争期间都认为她是一个可靠的人。这种看法持续到 1971 年，西奥多尔·莫姆揭露了"时尚帽子计划"——德语名称为"Modelhuten"——的存在，嘉柏丽尔以自己的方式参与计划：为了结束战争，她试图于 1943 年在马德里会见丘吉尔。这个想法是为了说服他接受英德秘密会谈的原则，以便进行单独的和平谈判。为了这次失败的任务，她动用了她所有的关系，包括她与丘吉尔及占领者[2]之间的关系。

巴黎于 1944 年 8 月 25 日获得解放。1945 年 5 月 8 日，盟军最终赢得了对纳粹的战争。这是欧洲战场所有战斗的结束，也是破坏欧洲的第二次世界大战的结束[3]。沉寂与空虚包围着嘉柏丽尔。那是一个充满猜疑和清算的时代。1945 年 9 月 4 日，从抵抗运动中诞生的《国民阵线日报》公布了一份被列入黑名单的艺术家名单，包括安德烈·德兰、弗拉明克、阿里斯蒂

2　指德军。——译者注

3　原文如此，这里仅从欧洲视角来说，而不是指世界范围内，第二次世界大战实际结束于 1945 年 9 月 2 日。——译者注

德·马约尔、阿莱蒂、皮埃尔·弗雷奈、塞尔吉·利法尔、伊迪丝·皮亚芙和蒂诺·罗西。嘉柏丽尔逃离了饱受折磨的战后巴黎，随后休息了很长时间。她在瑞士定居，住在勒芒湖畔安静的大酒店里，丁克拉格有时还会与她一起住在那里。她在拉保萨别墅，以及伦敦和威尼斯之间旅行。

嘉柏丽尔很漂亮，她甚至
比"漂亮"还漂亮，她看
起来像一幅戈雅的画。

—— 嘉柏丽尔·多尔兹亚

巴黎刚刚解放，美国士兵们等待香奈儿精品店开门以购买 5 号香水。

我，嘉柏丽尔

在巴黎，战前的社交生活已成为过去。现在已经没有任何沙龙了。让-保罗·萨特、西蒙娜·德·波伏瓦和阿尔贝尔·加缪[1]现在处于文化舞台的前沿，他们在花神咖啡馆和双叟咖啡馆活动。朱丽叶特·格莱科[2]和鲍里斯·维昂在圣日耳曼德佩的地下室里唱歌，人们在那里跳舞到天亮。在康朋街香奈儿精品店前，美国士兵们每天都在排队，只为了给他们的妻子或女朋友买一瓶香奈儿 5 号香水。

1　即阿尔贝·加缪，法文原名为"Albert Camus"，法国作家、哲学家，主要作品有《局外人》《鼠疫》等，1957 年获诺贝尔文学奖。——译者注

2　也译作朱丽特·格蕾科，法文原名为"Juliette Gréco"，法国传奇女歌手、演员。——译者注

香奈儿 COCO CHANEL
une icône

香奈儿时装店橱窗里的一个装饰模型，正如"疯狂年代"的生活剧场。

20 世纪 30 年代末,
圣莫里茨的一个露
天咖啡座。

    1946 年,布料短缺的情况最为严重。由巴黎高级时装公会组织的时尚剧院试图在巡回展览中使巴黎式奢华重获新生。为此,它展示了一些 70 厘米高的玩偶,玩偶身着高级时装、佩戴着珠宝和其他配饰,在科克托、贝拉尔、鲍里斯·科赫诺设计的装饰背景下做一系列动作。

    已经非常富有的嘉柏丽尔将成为世界上最富有的女性之一。

    1947 年,她去纽约见了皮埃尔·韦特海默。他在 1940 年法国溃败之后离开了法国,并在美国创立了香奈儿香水的美国分公司。尽管发生了战争,但在大西洋彼岸,这些香水的销售情况令人赞叹。嘉柏丽尔是来就她的版税和新合同进行严正交涉的,她赢了。

在瑞士，嘉柏丽尔在她最喜欢的日常散步路线之一上买了一栋房子，从那里可以看到湖和阿尔卑斯山。每天她都要走上几英里[3]的路。一些朋友会来拜访她。她开始有了找人写回忆录的想法："不被遗忘"可以帮助销售香水。起初她想到了勒韦迪，但他太了解她了。然后她想到了保罗·莫朗，在圣莫里茨的漫长夜晚里他已经做了一些记录，在那里她说了不少——这些被遗忘的现场笔记在30年后重新出现在《香奈儿风度》[4]中，这是莫朗的最后一本书。夏天，在威尼斯遇见嘉柏丽尔的路易丝·德·维尔莫兰写了80页稿子，嘉柏丽尔在1948年2月带着这些书稿去了纽约，但出版商们并不想要它们。几年后，作家米歇尔·德昂销毁了被嘉柏丽尔拒绝的300多页书稿。再后来，埃德蒙德·查尔斯-鲁对嘉柏丽尔展开大规模的调查，她的文章《非同寻常的或香奈儿的路》和《香奈儿时代》在嘉柏丽尔死后发表了。

但在那些年里，舆论更多是关于设计师克里斯汀·迪奥的。当嘉柏丽尔看到他第一批作品带来的反响时，她很生气。在她眼里这些都是她早在20世纪20年代就抛弃的东西。她语带嘲讽地说道："迪奥不是为女性提供服装，而是将她们包起来了！"

3　1英里≈1.61千米。——译者注

4　法文原名为"L'Allure Chanel"，也译为《香奈儿的态度》。——译者注在那些著名的设计师中，唯一得到她青睐的是一个 1937 年来到巴黎的西班牙人——克里斯托瓦尔·巴伦西亚加。他和嘉柏丽尔一样，以一种绝对现代的精神工作。他们虽然做的是非常不同的事情，但对严谨和精致的偏好是一致的。他们经常见面，一起散步。巴伦西亚加经常去苏黎世见嘉柏丽尔。他们的友谊持续了很长时间，但最终还是闹翻了。

1950 年，几乎失明的米西娅刚刚在巴黎去世。威斯敏斯特公爵也于 1953 年在英国去世。嘉柏丽尔已经 70 岁了，她决定卖掉拉保萨别墅，在此之前，她一直在那里与科克托、塞尔吉·利法尔或米歇尔·德昂一起度过夏天。现在她感到似乎有太多魂魄漂浮在那所别墅里，她无法继续在那里待下去了。

她的优雅，即使对一个外行人来说，也是耀眼的。她用一件毛衣和十串珍珠彻底改变了时尚。

——克里斯汀·迪奥谈及嘉柏丽尔

在巴黎，马赛尔·罗莎关闭了他的时装店，卡洛姐妹也是如此。时尚界的一个新时代正在形成。富有远见的 *ELLE* 杂志创建了一个名为"成衣"的新栏目。尽管当时还没有时装设计师这个职业，《您的美丽》杂志的前编辑德尼丝·法约尔还是创立了 Prisunic 百货商店的设计部门。她坚信有可能"以低成

克里斯汀·迪奥

　　这位年轻的服装设计师在 1947 年引起了一场真正的革命。"迪奥刚刚发明了新风尚！"纽约 *Harper's Bazaar* 的主编卡梅尔·斯诺在看到他的第一个系列后宣布。20 世纪 40 年代的时尚就此结束，在那五年间面料的短缺迫使大多数女性在穿衣方面奉行实用主义，以此来节省衣料票，并利用所有的想象力来保持女性魅力。克里斯汀·迪奥拉长了半裙和连衣裙的下摆，使它们突然发生了 180°的转变，几乎长到了地面。他用束带和鲸须束紧女性腰部，强调胸部曲线并修饰了肩部线条。

克里斯汀·迪奥于 1947 年推出的"酒吧"套装体现出新风尚精神。

1954 年，迷恋香奈儿 5 号香水的玛丽莲·梦露只"穿"它入睡。

香奈儿 COCO CHANEL
une icône

本生产美丽的东西"，并致力于让在 Prisunic 百货商店出售的产品是经过设计和加工的，从塑料袋到油瓶都是如此。

这不正是嘉柏丽尔继续前进并重新进入时尚界的时机吗？

希望在法国和美国重振旗鼓的香奈儿香水公司老板皮埃尔·韦特海默和 *Harper's Bazaar* 的记者卡梅尔·斯诺都鼓励嘉柏丽尔重新开放康朋街的工坊。香奈儿小姐四处招聘，找到并雇用了工坊负责人和从前的女工，她们都同意回来。楼上的工坊再次像蜂巢一样嗡嗡作响。在三楼的旋转楼梯上方，有一扇小门上写着"小姐的私人空间"。

与此同时，在美国洛杉矶，玛丽莲·梦露无意间投放了一个媒体炸弹。她面带微笑，承认自己只"穿"几滴香奈儿 5 号香水入睡。皮埃尔·韦特海默并未预料到如此大的媒体影响。

"艺术创作只有在遇到困难时才会获得质量。"亨利·马蒂斯的这句话——他刚刚在尼斯去世，享年 85 岁——用来描述嘉柏丽尔正合适。此时，嘉柏丽尔还不知道要为自己重返舞台前沿付出什么代价。

1954 年 / 1971 年

还有话要说！

　　1954 年，嘉柏丽尔此时 71 岁。她几乎已经被人们遗忘了。许多时装店不复存在，几个年轻的首席设计师很快占据了市场的中心位置。香奈儿的回归是失败的。嘉柏丽尔已经跟潮流脱节了，但那是世人不了解她。她继续孜孜不倦地完善自己的香奈儿套装，用白色的山茶花装饰，用金链完善菱格绗缝手袋并完善黑头后系带凉鞋，用发带束发……从 1957 年开始，香奈儿套装受到大众的一致认可，直到迷你裙的出现。岁月流逝，时尚也在更迭，但香奈儿风格永存。

小姐归来

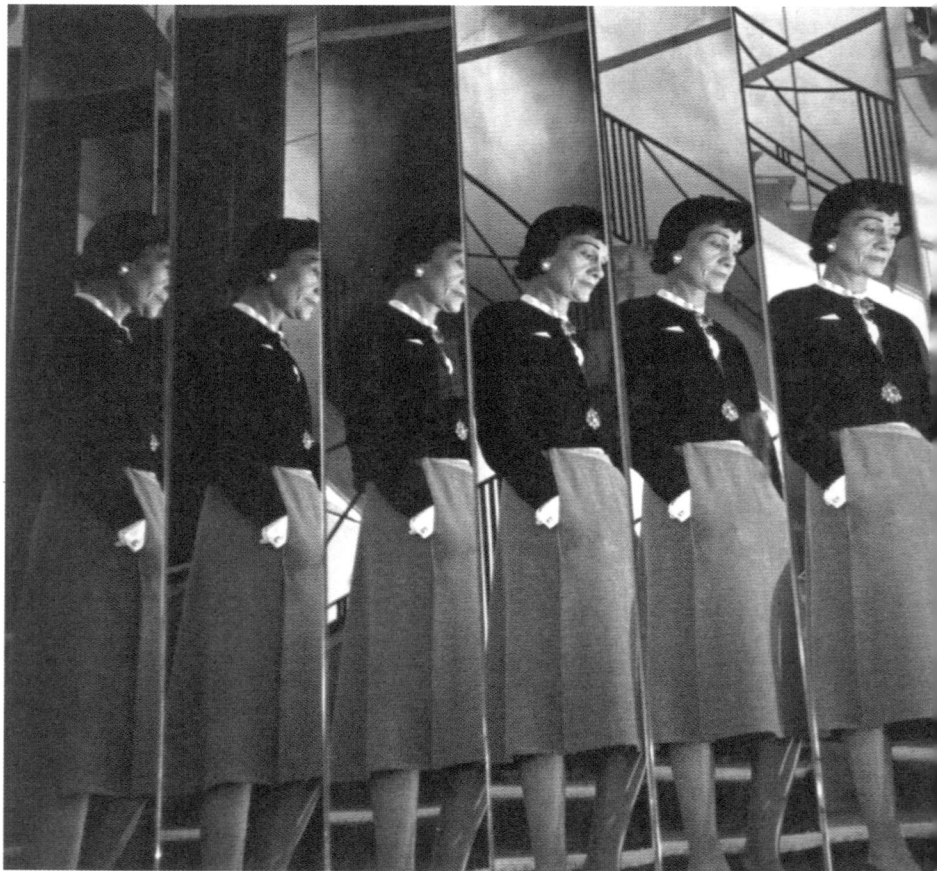

1953 年在巴黎，嘉柏丽尔在离开 15 年后准备重新经营她的时装店。
她站在康朋街的台阶上，罗伯特·杜瓦诺拍摄了这张照片。

香奈儿 COCO CHANEL
une icône

"今天凌晨三点，一个女人刚刚冻死在塞巴斯托波尔大道的人行道上，她手里攥着前天被驱逐出境的文件……"1954 年冬天，法国经历了一场前所未有的寒流。皮埃尔神父在卢森堡广播电台发出了团结互助的呼吁。一次全国性的金钱与衣物募捐活动展开了。

在康朋街，沙龙的吊灯又亮了起来。2 月 5 日，嘉柏丽尔从前的客人和整个国际媒体见证了她的回归和她的春季系列。她仍然忠实于米色或海军蓝泽西针织衫、薄绸和蕾丝面料。她探索采用新的材料制作鸡尾酒裙，如黑白条纹或素色的海军蓝植绒尼龙。所有人都期望找到一种关于优雅

的理念，这是一直与嘉柏丽尔的名字紧密相连的理念，她在
1939 年关闭时装店前就保持着这种理念。

但与当时的天气一样，该系列受到了冷遇，人们甚至听不
到一只苍蝇在飞的声音。为了不错过现场的任何东西，嘉柏丽
尔站在楼梯最高一阶向下观察。她已经明白了，从周围人的犹
豫中她知道，她没有征服他们。这是一次失败。她踮起脚尖，
退回到自己的公寓里。

对这次发布会，在巴黎，新闻界整体上持批评态度；在伦
敦，情况则十分不明朗。字里行间，嘉柏丽尔都被批评为设计
风格仍停留在 20 世纪 30 年代。只有美国的杂志对她是热情的。
科克托赶来拯救嘉柏丽尔，在《女性》杂志上发表了一篇题为
"香奈儿小姐的回归"的文章，该文章立即被美国媒体翻译出
来并传播开去。

此后不久，当艾尔莎·夏帕瑞丽永远关闭她的时装店时，
嘉柏丽尔决定将香奈儿卖给皮埃尔·韦特海默，以便在控制损
失的同时继续领导它。这样她就可以全身心地投入她的系列设
计中。

去掉这些烦琐的东西，简化，露出颈部、放松腰部……一条裙子必须穿在髋骨的位置上。加长胸围，给背部一些空间；必须能够在口袋里放一块手帕、一个打火机或一张纸，以便记下一个地址或电话号码。没有什么是无用的，一切都有其作用。

—— 嘉柏丽尔·香奈儿

8月，科莱特去世了。一个月后，在巴黎塞纳河的另一边，也就是左岸，一个非常年轻的女人在利普酒馆前停下了她飞驰的红色汽车：她就是弗朗索瓦丝·萨冈，刚刚用小说《你好，忧愁》征服了巴黎。

倔强的嘉柏丽尔针对西装的柔软度进行了加工和再加工，她确信自己的方向是正确的。在康朋街，她把自己锁在工作室里，那里有一面大镜子和一张扶手椅。她把所有的织物样品都摊开放在一张桌子上。下午五六点左右，嘉柏丽尔会召集她的工作室负责人。然后，她将决定一块泽西针织面料、一块花呢或一块丝绸的命运："这是做两件套（西装）的，这是做衬衫的，这是做裙子的……"每个人会回到自己的工坊制作原型，嘉柏丽尔没有提供任何草图或进一步的解释。一切都在持久的竞争中由他们自己去猜测，甚至去发明。带着一丝变态，嘉柏丽尔把他们推向了极端，以达到她的目的。第二天，他们每人都带着自己的原型回来。她对那些原型进行系统地评判、拆解、切割、重新裁剪，这是她把那些款式变成自己的款式的方式。

嘉柏丽尔从不使用"西装"这个词，她觉得这个词太男性化了。相反，她称之为由半身裙和小外套组成的两件套。在她的指导下，"小香风"，正如它在工坊里被称作的，经过近两年的时间后诞生了。嘉柏丽尔刚刚赋予了它完全的现代性。在两件套的基础上，她增加了一个黑色、米色或海军蓝的绗缝皮包和后系带双色鞋作为配饰，并对此持续改进。她继续发明和改造拜占庭风格的多色珠宝款式。

她在美国顾客中获得了巨大的成功，很快在欧洲女性中也

1962 年 2 月，在康朋街，模特穿着香奈儿亮白色羊毛午后套装。楼梯的台阶上铺有棉麻布防滑。

是如此。在达拉斯，她于 1957 年 2 月获得了百货公司连锁店老板斯坦利·马库斯颁发的尼曼·马库斯奖，被授予"20 世纪最有影响力的设计师"的称号。

香奈儿服装及配饰

嘉柏丽尔不喜欢多余的东西，不喜欢不必要的东西。她的衣服很实用，与之配套的配饰也是如此。早在 1924 年，她就重新设计制作了项链、吊坠、手镯、耳环、十字胸针和金纽扣，而它们并不过于花哨。

她为与她的西装搭配的装饰品找到了合适的平衡点，使它们看起来相当自然。她乐于巧妙地将她的时装珠宝与人们给她的奢华珠宝混搭。

1957 年米色后系带凉鞋问世了。为什么是米色

呢？因为米色能自然地拉长腿部线条。这款凉鞋在秋冬季节是黑色鞋头，一开春即为海军蓝鞋头；适合夜间穿着的则是金色或银色鞋头。针对这款凉鞋，嘉柏丽尔与马萨罗的制鞋师一起开发了一种弹性系带，使鞋子可以被顺利地脱下和穿上。同年，她在一个绗缝手袋上加了一条可调节长度的金链，这样手袋就既能肩背也能手挎了。

1958 年 8 月，嘉柏丽尔最喜欢的模特玛丽 - 埃莱娜·阿尔诺身穿一件带毛领的织锦丝绸晚礼服。

玛丽 - 埃莱娜 · 阿尔诺身穿一件带皮草装饰的泽西针织大衣裙。

嘉柏丽尔不画设计图，她剪裁，她在模特身上披上布料，她为女性制作套装并对她们了如指掌，因为她的第一个模特就是她自己。相反的，伊夫·圣·罗兰是一个窥视者，他为女性画设计图，她们以图形的方式在一个理想状态中被持续展现。

—— 洛朗丝·贝那伊姆（出自《伊夫·圣·罗兰》，格拉塞出版社，1993 年）

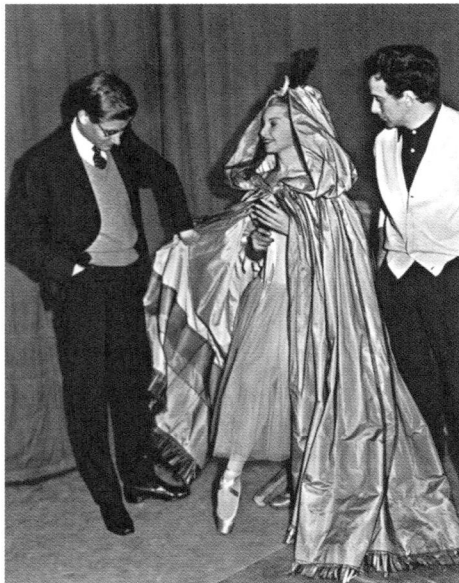

1959 年 11 月，伊夫·圣·罗兰与舞蹈家科莱特·马尔尚、巴黎芭蕾舞团的舞蹈家兼编舞罗兰·佩蒂在一起。

香奈儿 COCO CHANEL
une icône

伊夫·圣·罗兰

1961 年，伊夫·圣·罗兰与皮埃尔·贝尔热一起创立了时装店。伊夫·圣·罗兰当时只有 25 岁，但很快就确立了自己与嘉柏丽尔、巴伦西亚加并驾齐驱的伟大服装设计师的地位。他在 1962 年推出了第一个系列，并很快将日常和功能性服装纳入他的系列，如风衣、狩猎夹克、灯笼短裤和吸烟装，这些都成为他的经典之作。

1965 年，他以画家蒙德里安的画作为灵感，创作了由厚丝绸制成的直筒裙。第二年，他的第一家伊夫·圣·罗兰左岸精品店开业，向更多顾客提供价格较低的设计师服装，满足了人们的经济需求。

伊夫·圣·罗兰对香奈儿小姐的钦佩和迷恋交织在一起。他想知道有关她的技术的一切。

伊夫·圣·罗兰和
齐齐·让迈尔在为
《卡门》试装时被
罗伯特·杜瓦诺拍
下，1959 年。

除了优雅，还是优雅……

嘉柏丽尔是一个奇迹。她了解她的时代。她创造了她那个时代的女性形象。

—— 伊夫·圣·罗兰

1954 年，香奈儿小姐身着针织套装和白色衬衫，在她位于康朋街的工作室。

1958 年 10 月，克里斯汀·迪奥突然去世。这一年在巴黎，高级时装公会创立了"高级成衣公会"，这是一个维护和协调高级成衣业务的联盟，汇集了卡纷、格雷斯、玛德莱娜·德·洛熙、尼娜·里奇、玛姬·鲁夫、浪凡、让·德塞、雅克·格里夫、雅克·海姆和盖伊·拉罗什等品牌。香奈儿品牌并未加入其中。1958 年 1 月，年轻的伊夫·圣·罗兰为迪奥品牌设计的第一个系列在巴黎受到热烈欢迎。伊夫·圣·罗兰在三年后将独自飞翔，他对香奈儿小姐永远抱有绝对的钦佩和尊敬。

第二年，在纽约，香奈儿 5 号香水的瓶子被纳入纽约现代艺术博物馆设计部的永久藏品之列。香奈儿小姐在康朋街接待了一位记者，这位记者是为 20 世纪 60 年代初由 ORTF 电视台制作的《五版头条》节目来采访她的。习惯于采访作家的皮埃尔·杜马耶在面对香奈儿小姐时有些发窘，他的尴尬显露了出来，而她则在装腔作势，强加了她精心准备的表演。她嘴里叼着烟，打着手势，巧妙地回避一些问题，在时尚和优雅方面大摆权威架子，对她的下一个系列不透露分毫。她告知记者，人们现在可以看到的款式直到最后一刻都有可能发生改变，没有什么是确定的。她顺便轻度中伤了其他设计师，但没有指名道姓。对她来说，只有优雅是最重要的，即使她承认连她也无法定义它。她讨厌怪诞，并为她的香奈儿两件套被如此广泛地复制而狂喜。

所有的杂志都争相让她上封面。理查德·阿维顿是 *Harper's Bazaar* 的年轻明星摄影师，他陪同时尚教母、该杂志的女主编卡梅尔·斯诺参观系列作品，斯诺被《纽约时报》称为"时尚界最后的知识分子"。在康朋街，阿维顿拍摄了香奈儿小姐和他最喜欢的模特苏西·帕克在一起的照片。嘉柏丽尔的嘴里总是叼着肯特香烟，模样调皮，脖子上挂着三串珍珠，亲昵地拥抱着微笑的苏西·帕克。她们都穿着格子粗花呢衣服，苏西·帕克穿的是双色格子的维希格纹衬里套装，嘉柏丽尔穿的是米色山形斜纹、带黑色镶边的套装并搭配了一顶划船帽。

光辉岁月

香奈儿时装店的沙龙，1954 年。

对于法国，阿尔及利亚战争刚刚结束。一年前，苏联人尤里·加加林乘坐宇宙飞船升空，成为第一个被派往太空的人，这一史诗般的事件在三年后激发了皮尔·卡丹关于宇宙系列的灵感。在时尚界，涌现出其他新的人才：库雷热在曾经培养过他的巴伦西亚加的鼓励下开设了时装店；伊夫·圣·罗兰、让 - 路易·雪莱和菲利普·韦内也创立了自己的品牌。

　　尽管成衣产业正试图在世界时尚领域确立地位，但在法国，服装仍主要由裁缝按顾客需求缝制：女性继续在裁缝店买衣服，她们从 *ELLE*、*Marie Claire* 或

Marie France 杂志上刊登的款式中获得灵感，并让自己的裁缝复制同款。高级定制时装仍然令人生畏。虽然人们进入不了它的世界，但它在沙龙里和大街上的吸引力同样巨大……

79 岁的嘉柏丽尔在准备她的新系列时，一直密切关注着发生的事情。 她走的路不少。"一个周日，在从朗布耶回来的路上，"约翰·费尔柴尔德回忆说（他当时管理着《女装日报》，它是美国时尚专业人士的圣经），"我们正经过布洛涅森林。某一刻，我仍然记得，就像昨天一样，我看到一个绝妙的女人，一个穿着小香风套装的年轻女人，从池塘边穿过。她走得很快，昂首挺胸，直视前方。看了第二遍后，我认出了那是香奈儿小姐本人。她看起来就像一个年轻的女孩！"

一套大受欢迎的服装

在时尚界，天才就是在正确的时间做正确的事情。

—— 卡尔·拉格斐

　　　　一套西装——香奈儿小姐更愿意称其为两件套——人们可
以穿着它随意走路、工作等。一套从正面看或从里往外看都同
样好看的西装，设计技巧和复杂的剪裁使其成为一套不可模仿
的服装。一套粗花呢套装，以传统的方式制作，配色和谐且独

香奈儿　COCO CHANEL
une icône

1958 年。

特。一套精致到极致的西装，没有折边。一位美国人曾对嘉柏丽尔说："花了这么多钱在这套西装上，却不露声色！"这样一套西装的边缘都以饰带镶边，这一设计几乎是偶然间在混合织物线时发明的。一套完全量身定制的柔软西装，设计得像人的第二层皮肤，一年四季都可以穿着，无论白天还是晚上。一套优雅大方的西装，是为普遍的身形而生——一整套香奈儿，它的名字就说明了一切！

1962 年
小姐在工作

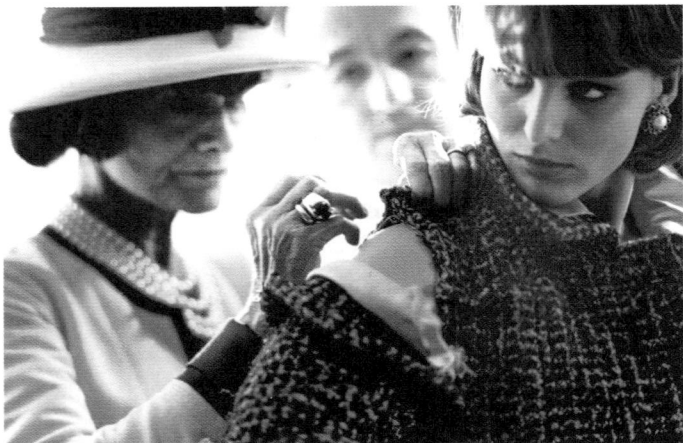

1962 年，香奈儿小姐与她的西装工坊负责人让·卡佐邦在模特身上试衣，
在工作室的道格拉斯·柯克兰拍摄了他们亲密相处的照片。

　　1962 年的夏天，香奈儿小姐像每年一样准备在 7 月 29
日展示她的系列，年轻的美国摄影师柯克兰来到康朋街为她做
报道。他是著名杂志 *Look* 派来的。他获得了一个罕见的特权，
被允许跟随嘉柏丽尔三个星期并拍摄了数百张照片，其中只有
十来张照片会公开发表。他拍摄了她在街上和公寓里的样子，
她的公寓就在沙龙上方，她喜欢在工作或时装秀后在那里放
松，她总是坐在台阶上，从著名的旋转楼梯往下注视时装秀。

香奈儿 *COCO CHANEL*
une icône

我试图掌握她身上所发生的事情。她给我的印象是，
她像一个雕塑家一样操控她的工具。

—— 道格拉斯·柯克兰

一日纪事，像其他任何一天一样，嘉柏丽尔依次
表现出诱人的、专断的和调皮的样子。

柯克兰与模特、工作室负责人一起，出席了所有试衣活动。工
作人员不计算工作时间，连周六或周日也不计算！他们的工作
时间都是一样的。剪刀总是挂在嘉柏丽尔脖子上系着的丝带末
端。香奈儿小姐拿着布料，演示布料随着身体动作出现的变化，
给她的工作室负责人让·卡佐邦下达指令。她裁剪、组装、校
正模特身上的袖子，而模特连眼睛都不眨一下，甚至当香奈儿
小姐把她刺伤流血时也是如此！

1965 年
荧幕与电影

　　香奈儿小姐总是喜欢扮演"皮格马利翁"的角色。维斯康蒂把她介绍给了罗密·施奈德，彼得·布鲁克把让娜·莫罗送到她那里，让娜·莫罗让她读玛格丽特·杜拉斯的作品——而这位女裁缝和这位女作家从未见过面。这些年轻女性照亮了香奈儿小姐的孤独日子，她鼓励她们自由地过自己的生活。她喜欢坐在她位于康朋街的公寓的棕色大沙发上和她们闲聊。

　　香奈儿小姐和她的模特们在一起时也是如此，她喜欢被告知小巴黎的情况，她很少在那里露面了。她会派一些"小公主"作为密使，这些来自良好家庭的女孩在各处都受到招待，她们喜欢聚会，身着西装感到十分自在，在卡斯特尔俱乐部跳扭扭舞。她还雇用了一些专业模特，威廉·克莱因在街上为 *Vogue* 拍摄了这些模特。从墨尔本到东京，从伦敦到米兰，从日内瓦

迷你裙风潮！

　　迷你裙于 1963 年出现在法国，但当时离流行还为时过早。两年后，得益于造型师玛丽·奎恩特，它在伦敦引发了热潮；从 1966 年起，特别是 1968 年在安德烈·库雷热的推动下，它才在法国普及。尽管引发了嘲笑和热捧，迷你裙还是完美体现了新的时尚浪潮，也展现出无聊的年轻人的自由之风。这简直令人震惊！香奈儿小姐很惊恐：她绝不可能把她设计的裙子的下摆提高到膝盖以上，她不在乎当时的年轻女孩对短裙的热衷——遗憾的是，紧随其后的是那些不那么年轻的女人们！

1960 年，香奈儿小姐与罗密·施奈德为小品电影《薄伽丘 70 年》试镜，维斯康蒂执导了该片的四部短片之一《工作》。这位女裁缝和这位女演员都非常喜欢对方。

香奈儿 COCO CHANEL
une icône

到纽约，所有女性都穿着香奈儿或是梦想穿上它。

耶耶[1]热潮袭来，香奈儿小姐紧跟潮流！她去伦敦为四个同样当红的男孩鼓掌，他们就是甲壳虫乐队的成员。但在国王大道上，她讨厌所看到的玛丽·奎恩特的迷你裙，这种裙子在巴黎也掀起了一阵热潮。

我们不能露出膝盖，它是如此"丑"！

—— 嘉柏丽尔·香奈儿

1　耶耶是 20 世纪 60 年代初在西欧和南欧出现的一种流行音乐风格。法语的"yé-yé"源于英语的"yeah！yeah！"，由披头士等英国节拍音乐乐队流传开来。由于法国唱作人的成功，这种音乐风格在世界范围内扩展。耶耶的大部分灵感来自英国和美国的摇滚乐，其歌曲创作的其他风格元素包括巴洛克、异国情调、流行、爵士和法国香颂。——译者注

女演员们与嘉柏丽尔

　　嘉柏丽尔喜欢女演员。在她的一生中，她一直在剧院和电影院的幕后工作。1908 年，女演员艾米莉安·达朗松第一个戴上香奈儿帽子，此后嘉柏丽尔·多尔兹亚在 1910 年使香奈儿小姐彻底扬名。玛丽莲·梦露则优雅地创造了一个世人无法想象的有效广告宣传。

1960 年，嘉柏丽尔与安妮·吉拉尔多。

香奈儿　COCO CHANEL
une icône

1965 年，嘉柏丽尔与让娜·莫罗在康朋街的公寓里。

在电影、节日、戏剧以及城市生活中，嘉柏丽尔为德尔芬·塞里格、阿努克·艾梅、安妮·吉拉尔多、碧姬·巴铎等人设计服装……让娜·莫罗把香奈儿西装穿得很好看，嘉柏丽尔经常与之一起谈论爱情和文学，但她最喜欢的、真正对其有好感的是罗密·施奈德。这些年轻女性论年龄都足以当嘉柏丽尔的女儿，嘉柏丽尔懂她们的独特与精神上的自由，而她们为之耗尽心力的职业有时会给她们的灵魂带来损害和伤痕。

嘉柏丽尔倾听她们的述说，给她们建议，为她们设计服装。销售紧随其后……

1955 年，格蕾丝·凯利
身穿香奈儿。

1962 年，罗密·施奈德在电影《薄伽丘 70 年》
里身穿香奈儿套装的场景。

香奈儿 **COCO CHANEL**
une icône

1961 年，碧姬·巴铎在斯波莱托身穿香奈儿。

1963 年，杰奎琳·肯尼迪在达拉斯身穿香奈儿。

嘉柏丽尔和她的模特们：她为自己创建了一个家族，由外形出众、出身良好的年轻女性组成，她让她们穿着香奈儿服装去到巴黎各处。

在美学领域，大胆创新的时刻来临了。作为一个时代的标志，于格·奥弗雷用法语翻唱了鲍勃·迪伦最著名的歌曲之一：《时代在变》。

波普艺术在美国崭露头角，罗伊·利希滕斯坦的大型绘画再现了漫画中的对话气泡，还有安迪·沃霍尔的玛丽莲·梦露丝印肖像。对色彩和塑料的崇拜在各处爆发。在巴黎的里沃利街，一面带有纳粹标志的巨大旗帜随风飘扬，街道上竖起了由栅栏和沙袋组成的路障。这是一场战争，但这次是电影中的！那面纳粹旗帜是勒内·克莱蒙拍摄电影《巴黎战火》的道具，为了在屏幕上展现巴黎解放的情景。一位年轻的美国人参与了剧本撰写，这位美国人是一位有抱负的电影人，名叫弗朗西斯·福特·科波拉。这部电影中群星璀璨：阿兰·德龙、让-保罗·贝尔蒙多、奥逊·威尔斯、让-路易·特兰蒂尼昂、柯克·道格拉斯、西蒙·西涅莱……在众多临时演员中，有些人后来成了著名歌手：扮演学生抵抗运动战士的米歇尔·弗甘和米歇尔·萨尔杜，以及扮演爆破主管的米歇尔·贝杰。这一年是 1966 年。"我穿花衬衫是因为我领先了两到三个时代，哦耶！"这句话通过节目《哈喽，我的朋友们》获得了巨大成功，该节目是欧洲第一电台每天下午 5 点为年轻人播出的旗舰节目。青少年在他们的房间里用半导体收音机收听它。不论乐不乐意，父母们让步了，忍受着安托万的"胡言乱语"，而这个年轻的长发歌手在几周前还完全不为人知。在戛纳国际电影节上，克劳德·勒鲁什凭借电影《一个男人和一个女人》摘得了金棕榈奖，该片由让-路易·特兰蒂尼昂和香奈儿小姐的朋友阿努克·艾梅主演。

第一次有一个电视节目完全是关于时尚的。由黛西·德·加拉尔制作的《叮当咚》成为20世纪60年代的标志性电视杂志。它所涉及的主题简短而多样，从时尚和美容到社会问题、文学、电影，甚至食谱。许多导演在这里起步：阿涅斯·瓦尔达、贾斯特·杰克金、彼得·纳普和其他许多人。这些主题在电视荧幕上——以黑白影像的形式——由年轻的女演员或女歌手呈现：玛丽·拉福莱、法兰丝·盖儿、西尔维·瓦尔坦、弗朗索瓦丝·哈迪、凯瑟琳·德纳芙或罗密·施奈德。该节目的记者包括玛格丽特·杜拉斯、热纳维耶芙·多尔曼和克罗德·朗兹曼……在1968年5月事件发生的两个月前，嘉柏丽尔接受了雅克·夏佐为《叮当咚》做的采访。

时尚不是一门艺术，而是一种职业，
做时尚需要十分严谨才行。

—— 嘉柏丽尔·香奈儿

新闻的黄金时代

ELLE 杂志是埃莱娜·拉扎雷夫在第二次世界大战结束后于巴黎创立的，在 20 世纪 60 年代初一鸣惊人。埃莱娜很欣赏嘉柏丽尔并穿香奈儿的衣服。嘉柏丽尔乐于听取她的话并经常去她家用晚餐。

埃莱娜的丈夫皮埃尔·拉扎雷夫则创立了《法兰西晚报》，这是一份日报，一天 8 版，发行量超过 100 万份。

1963 年 11 月 23 日，周六，《法兰西晚报》的读者通过头版得知约翰·菲茨杰拉德·肯尼迪被暗杀的消息，都震惊了。该报纸也因报道此事件发行了 100 万份。在前一天的上午 12 点 30 分，在美国达拉斯，李·哈维·奥斯瓦尔德对美国总统造成了致命伤害。在总统身边，他的妻子杰奎琳·肯尼迪试图帮助他。她的粉红色套装被染上了鲜血，那是一套香奈儿套装。

1968 年
小姐紧跟时代潮流

康朋街 31 号，现在是一个传奇地址。

1968 年 5 月，香奈儿小姐所倡导的严谨被打破了。在法国，大学生和工人突然闹起了革命。1 600 万名年轻人，即婴儿潮一代，渴望着一场大变革。由于措手不及，戴高乐将军的政府摇摇欲坠，但局势很快得到了控制。

这场运动也波及了康朋街。85 岁的小姐不想重温 1936 年

香奈儿 COCO CHANEL
une icône

香奈儿白色粗花呢晚装，约 1965 年。

香奈儿苏格兰粗花
呢套装，1963 年春
夏系列。

的噩梦和人民阵线的罢工。当时她亲自
与罢工者对峙，但这次她让经理去处理。
她与助理莉露·马尔冈待在一起，她还
是想去看看街垒[1]那边发生的事情。

"小姐，有些人打起来了！"

"没关系，我和你一起去。"

"您别开那辆凯迪拉克！"

"为什么不呢？"

人们的反应相当复杂。

"老太太，你在这里干什么？让
开！"一个年轻的游行示威者对她说。

香奈儿小姐忘了她的西装或其仿制
品已经成为很大一部分资产阶级女性的

---

1 法国发生革命或动乱期间，人们经常会在街
道或城市空场上筑起街垒。——译者注

204

这种时髦，这种无与伦比的时刻，是香奈儿的
关键价值所在。

——罗兰·巴特

统一着装。[2]

巴伦西亚加永久地关闭了他的时装店。那个春天并不太平。

"休斯敦，这里是静海基地，'鹰'舱已着陆。"美国宇航员尼尔·阿姆斯特朗就是这样向地球人宣布他抵达月球的。和其他数百万人一样，香奈儿小姐在 1969 年 7 月 21 日通过电视几乎实时见证了这一事件。她一直在工作，并且不间断地工作。1970 年 8 月 19 日，在她 87 岁那一天，她与亨利·罗伯特一起推出了一款新的香水。香奈儿 19 号香水是花香、绿植与脂粉味的混合香调，获得了成功。

在过去的三年里，每天早晨在离开房间之前，香奈儿小姐都会化好妆。她十分不喜欢变老。她所有的亲爱的朋友都离开了：1960 年是勒韦迪，1963 年是科克托。她喜欢被雅克·夏佐逗乐，即使他有时也会让她深感厌烦——不是每个人都是科

2　此时香奈儿服饰已成为资产阶级的象征，而罢工者代表无产阶级，两个阶级对立，所以罢工者会对嘉柏丽尔叫嚷。——译者注

1954 年，在 *Vogue* 的巴黎办公室前，身着香奈儿套装的模特苏西·帕克扮演一位摄影师，她的对面是雅克·法斯的一位模特。

克托！她知道。每个深夜，当她离开里兹酒店时，她的女仆就通知了康朋街的时装店工作人员。酒店与她的时装店之间只有不到 200 米的距离。在香奈儿小姐到达康朋街之前，5 号香水就被喷得到处都是了，从时装店入口处、沙龙里到旋转楼梯上——她总是坐在那里观察客户的反应。"你好，小姐。"人们见到香奈儿小姐时总会恭敬地说。

在香奈儿时装店，人们害怕系列的设计阶段。那段时间香奈儿小姐变得非常难缠且气势汹汹，仿佛永远不想停下来：她总在不停地做并重做，直到她的小香风套装变得完美，其轻盈的框架与身体及动作完美契合，人们穿上它会立即忘记它的存在。要移动，要移动。香奈儿小姐让当天摆姿势的女性们坐下来、弯曲身体、跳三步、从椅子上下来、将自己完全"对折"。她会突然放下她的美式香烟冲上前去，抓起挂在脖子上的剪刀，一边低声抱怨，一边拆除、拆除，比如从服装上面扯掉那只仍然阻碍行动的袖子——必须解放身体，解放身体……

晚上，工作结束后，她会拖住一些人，逮住那些妨碍她的人——现在是时候用一杯香槟来弥补她的暴怒了。夜晚似乎是永无止境的。她的朋友们常常躲起来。"小姐，已经很晚了。"她从未想过要停下来——永不停止。

PARIS MATCH

CHANEL
première collection sans
'Mademoiselle'

APOLLO
XV
le fabuleux
raid en jeep
sur la lune

Devant le portrait de
Coco Chanel,
un mannequin
présente un tailleur
de l'hiver 71, fidèle à la
tradition.

NUMERO 1160/31 JUILLET 1971/2F

香奈儿 COCO CHANEL
une icône

嘉柏丽尔消逝，香奈儿永存

1971 年刚刚开始。在前一天晚上，也就是一个周六，康朋街工作室的工作持续到很晚，下一个夏季系列还远远没有准备好。香奈儿小姐不喜欢周日。尽管是冬天，但周日那天的天气很好，她去隆尚赛马场观看了比赛。回来的路上，透过她的凯迪拉克的车窗，她再次欣赏着黄昏下的巴黎。傍晚时分，她病倒了，并于 1 月 10 日周日在丽兹酒店的房间里去世。嘉柏丽尔享年 87 岁。

她的朋友斯特拉文斯基于同年春天在纽约去世。维斯康蒂的新片《魂断威尼斯》正在巴黎的电影院上映。

嘉柏丽尔，摄于她 1968 年 9 月的系列发布会结束时。

嘉柏丽尔在百老汇！

美国人喜欢名人和不寻常的人物，好莱坞经常抓住这种心态，把这些人搬上银幕。

1970 年，在纽约，百老汇——音乐剧的殿堂——迷恋上了嘉柏丽尔。凯瑟琳·赫本被选中在弗雷德里克·布里森导演的作品中扮演香奈儿小姐。英国著名摄影师塞西尔·比顿是嘉柏丽尔的老朋友，被委托设计布景和戏服。当被问及"为什么不是由您来设计服装"时，嘉柏丽尔回答："那不是我的职业，而且如果由我来做戏服的设计，谁来做系列的设计呢？"事实上，她可能不太喜欢由凯瑟琳·赫本来扮演自己。嘉柏丽尔并没有去参加首映式。纽约的评论家们抨击这位女演员，不认可她对香奈儿小姐这一角色的演绎。该表演是失败的。作为最后的补救手段，制片人找来了一位法国女演员。达妮埃尔·达里厄同意代替凯瑟琳·赫本工作几周，并成功地获取了美国媒体的青睐——要知道他们可是以毒舌著称的。

她比所有人都活得长。

—— 卡尔·拉格斐

参考书目

BIBLIOGRAPHIE

MONOGRAPHIES

ASSOULINE Pierre, *Cartier-Bresson. L'œil du siècle*, Paris, Plon, 1999, réédition Paris, Gallimard, 2001.

AVEDON Richard, *Les Sixties*, Paris, Plume, 1999.

BARTHES Roland, *Système de la mode*, Paris, Éditions du Seuil, 1967.

BEATON Cecil, *The Glass of Fashion*, Cassell, 1989.

BEATON Cecil, *Cecil Beaton. Cinquante ans d'élégances et d'art de vivre*, traduction de *The Glass of Fashion*, Paris, Amiot-Dumont, 1955.

BENAIM Laurence, *Yves Saint Laurent*, Paris, Grasset, 1993.

BENAIM Laurence, *Marie Laure de Noailles. La vicomtesse du bizarre*, Paris, Grasset, 2001.

BOTHOREL Jean, *Louise ou la Vie de Louise de Vilmorin*, Paris, Grasset, 1993.

CAPOTE Truman, *Un plaisir trop bref. Lettres*, Paris, 10-18, 2007.

CARADEC François, WEILL Alain, *Le Café-concert*, Paris, Hachette/Massin, 1980.

CARTIER-BRESSON Henri, NOURRISSIER François, *Vive la France*, Paris, Sélection du Reader's Digest, 1970.

CASSATI Sandro, *Coco Chanel. Pour l'amour des femmes*, Grainville, City éditions, 2009.

CAWTHORNE Nigel, *Le New Look. La révolution Dior*, Paris, Celiv, 1997.

CHARLES-ROUX Edmonde, *L'Irrégulière ou mon itinéraire Chanel*, Paris, Grasset, 1974.

CHARLES-ROUX Edmonde, *Le Temps Chanel*, Paris, Éditions de La Martinière, 2004.

COLETTE, *Lettres à sa fille. 1916-1953*, Paris, Gallimard, 2003.

COLETTE, *Prisons et Paradis*, Paris, Ferenezi, 1935, réédition Paris, Le Livre de poche,1989.

COLLECTIF, *L'École de Paris 1904-1929. La part de l'autre*, Paris, musée d'Art moderne de la Ville de Paris, 2000.

DELASSEIN Sophie, *Les Dimanches de Louveciennes chez Hélène et Pierre Lazareff*, Paris, Grasset, 2009.

DEGUNST Sylvaine, *Coco Chanel. Citations*, Paris, Éditions du Huitième Jour, 2008.

DELAY Claude, *Chanel solitaire*, Paris, Gallimard, 1983.

DÉON Michel, *Bagages pour Vancouver*, Paris, La Table Ronde,1985.

DOISNEAU Robert, *À l'imparfait de l'objectif. Souvenirs et portraits*, Paris, Belfond, 1989.

DORLÉANS Francis, *Snob Society*, Paris, Flammarion, 2009.

DURAS Marguerite, *Outside. Papiers d'un jour*, Paris, P.O.L., 1984.

ÉPARVIER Jean, *À Paris, sous la botte des nazis*, Paris, Raymond Schall, 1944.

FAIRCHILD John, *Chic Savages*, New York, Simon & Schuster, 1989, réédition New York, Pocket Books, 1991.

FAIRCHILD John, *The Fashionable Savages*, New York, Doubleday, 1965, réédition New York, Pocket Books, 1991.

FENOSA Nicole, TILLIER Bertrand, *Apel.les Fenosa. Catalogue raisonné de l'œuvre sculpté*, Barcelone, Poligrafa, 2002.

FERRIER Jean-Louis, *L'Aventure de l'art au XXᵉ siècle*, Paris, Éditions du Chêne, 1995.

FIEMEYER Isabelle, *Coco Chanel. Un parfum de mystère*, Paris, Payot, 1999.

FLOCH Jean-Marie, *L'Indémodable total look de Chanel*, Paris, Institut français de la mode/Éditions du Regard, 2004.

FRANCK Dan, *Les Aventuriers de l'art moderne (1900-1930). Bohèmes*, Paris, Calmann-Lévy, 1998.

GIDEL Henry, *Coco Chanel*, Paris, Flammarion, 1999.

GIROUD Françoise, *Profession journaliste. Conversations avec Martine de Rabaudy*, Paris, Hachette littératures, 2001, réédition Paris, Le Livre de poche, 2003.

GOLBIN Pamela, *Balenciaga Paris*, Paris, Thames & Hudson/Les Arts décoratifs, 2006.

GRUMBACH Didier, *Histoires de la mode*, Paris, Éditions du Seuil, 1993, réédition Paris, Éditions du Regard, 2008.

GUILBERT Laure, MANNONI Gérard, *Serge Lifar à l'Opéra*, Paris, Éditions de La Martinière/Opéra national de Paris, 2006.

GUILLAUME Valérie, *Europe 1910-1939. Quand l'art habillait le vêtement*, exposition du musée de la Mode et du Costume, Paris, Paris-musées, 1997.

HAEDRICH Marcel, *Coco Chanel*, Paris, Belfond, 1987.

KIRKLAND Douglas, LAGERFELD Karl, *Mademoiselle. Coco Chanel, Summer 62*, Göttingen, Steidl, 2009.

LAMBRON Marc, *L'Œil du silence*, Paris, Flammarion, 1993.

LELAIT-HELO David, *Romy au fil de la vie*, Payot & Rivages, coll. « petite bibliothèque Payot », 2003.

LEYMARIE Jean, *Chanel*, Genève, Skira, 1987.

LEYMARIE Jean, *Fenosa*, Genève, Skira, 1993.

LIAUT Jean-Noël, *Madeleine Castaing. Mécène à Montparnasse, décoratrice à Saint-Germain-des-Prés*, Paris, Payot, 2008.

MADSEN Axel, *Chanel. A Woman of her Own*, New York, Henry Holt & Compagny, 1990.

MARCOU Lilly, *Elsa Triolet. Les yeux et la mémoire*, Paris, Plon, 1994.

MARQUAND Lilou, *Chanel m'a dit…*, Paris, Jean-Claude Lattès, 1990.

MAURIÈS Patrick, *Les Bijoux de Chanel*, Paris, Thames & Hudson,1993.

MENDES Valérie, DE LA HAYE Amy, *La Mode au XXe siècle*, Paris, Thames & Hudson, 2000.

MITFORD Nancy, *Une Anglaise à Paris. Chroniques*, Paris, Payot, 2008.

MORAND Paul, *L'Allure de Chanel*, Paris, Hermann, 1976, réédition Paris, Gallimard, coll. « folio », 2009.

MULVANEY Jay, *Jackie. The Clothes of Camelot*, New York, St. Martin's Griffin Edition, 2002.

PAVANS Jean, *Marlene Dietrich*, Paris, Gallimard, 2007.

POCHNA Marie-France, *Christian Dior*, Paris, Flammarion, 1994.

POMPIDOU Claude, *L'Élan du cœur. Propos et souvenirs*, Paris, Plon, 1997.

RAY Man, *Man Ray. Autoportrait*, Paris, Seghers, 1964.

REMAURY Bruno, *Dictionnaire de la mode au XXe siècle*, Paris, Éditions du Regard, 1994.

RENOIR Jean, *Ma vie et mes films*, Paris, Flammarion, 1974.

ROWLANDS Penelope, *A Dash of Daring. Carmel Snow and her Life in Fashion, Art, and Letters*, New York, Atria books, 2007.

RZEWUSKI Alex-Ceslas, *La Double Tragédie de Misia Sert*, Paris, Éditions du Cerf, 2006.

SAMET Janie, *Chère haute couture*, Paris, Plon, 2006.

SCHIFANO Laurence, *Visconti. Une vie exposée*, édition augmentée, Paris, Gallimard, coll. « folio », 2009.

SCHLATTER Chritian, *Les Années 80. La création en France*, Paris, Flammarion, 1984.

STÉPHANE Roger, *Jean Cocteau. Entretien avec Roger Stéphane*, Paris/Nancy, RTF/Tallandier, 1964.

SOMMERS Susan, *French Chic. How to Dress Like a Frenchwoman*, New York, Villard Books, 1988.

TAPERT Annette, *The Power of Style. The Women who Defined the Art of Living Well*, New York, Crown, 1994.

VILMORIN Louise de, *Mémoires de Coco*, Paris, Le Promeneur, 1999.

WEISSMAN Élisabeth, *Coco Chanel*, Paris, Maren Sell, 2007.

WALFORD Jonathan, *La Mode des années 1940. De la tenue d'alerte au « new-look »*, Lausanne, La Bibliothèque des arts, 2008.

WIAZEMSKY Anne, *Jeune fille*, Paris, Gallimard, 2006.

ARTICLES DE PRESSE

« Michel Déon raconte Chanel », propos recueillis par Pépita Dupont, *Paris Match*, 11 novembre 2008.

« Gabrielle Dorziat », propos recueillis par Françoise Tournier, *Elle*, 14 octobre 1974.

图片版权 CRÉDITS PHOTOGRAPHIQUES

本书图片已由原出版社清权，图片版权信息如下：

p. 4 : à gauche © akg-images, à droite © Hoyningen Huene/Rue des Archives/AGIP ; p. 5 : à gauche © Studio Lipnitzki/Roger-Viollet, à droite © Hulton-Deutsch Collection/Corbis ; p. 6 : © akg-images ; p. 8 : © Roger-Viollet ; p. 9 : en haut © Musée Carnavalet/Roger-Viollet, en bas © Mary Evans/Gamma ; p. 10 : à gauche © akg-images/Bildarchiv Monheim, à droite © Droits réservés ; p. 11 : © Anne Salaün/Roger-Viollet ; p. 12 : © LL/Roger-Viollet ; p. 13 : à gauche et à droite © Archives de la Ville de Moulins ; p. 15 : à gauche © Collection Kharbine-Tapabor, à droite © Musée Carnavalet/Roger-Viollet ; p. 16 : © Collection Perrin/Kharbine-Tapabor ; p. 18 : © Collection privée Lécuru ; p. 19 : © Collection privée Hérisson ; p. 20 : en haut © Maurice Branger/Roger-Viollet, en bas © Droits réservés ; p. 21 : en haut © Droits réservés, en bas © ND/Roger-Viollet ; p. 22 : © Collection Kharbine-Tapabor ; p. 23 : © BHVP/Roger-Viollet ; p. 24 : © Collection Kharbine-Tapabor ; p. 25 : à gauche © Keystone-France/Keystone/Eyedea Presse, à droite © Albert Harlingue/Roger-Viollet ; p. 26 : © Collection IM/Kharbine-Tapabor ; p. 27 : © Rue des Archives/PVDE ; p. 28-29 : Camera Press/IWM/Gamma ; p. 29 : © Collection Kharbine-Tapabor ; p. 30 : © Rue des Archives/PVDE ; p. 31 : © akg-images ; p. 32 : © Rue des Archives/PVDE ; p. 33 : © The Granger Collection NYC/Rue des Archives ; p. 34 : en haut © Keystone-France/Keystone/Eyedea Presse, en bas © Keystone-France ; p. 37 : © TopFoto/Roger-Viollet ; p. 38 : © Hoyningen Huene/Rue des Archives/AGIP ; p. 41 : © The Granger Collection NYC/Rue des Archives ; p. 42 : © Keystone France ; p. 43 : © Brigitte Moral SAIF ; p. 44 : © Henri de Beaumont/Rue des Archives/TAL ; p. 45 : © TopFoto/Roger-Viollet ; p. 46 : © Pictorial /Stills/Gamma ; p. 47 : à gauche © Collection Kharbine-Tapabor, à droite © Collection Jonas / Kharbine-Tapabor ; p. 48-49 : © Galliera/Roger-Viollet ; p. 49 : © Hoyningen Huene/Rue des Archives/AGIP ; p. 50 : © Roger-Viollet ; p. 51 : à gauche © Roger-Viollet, à droite © R. Briant et P. Ladet/Galliera/Roger-Viollet ; p. 52 : © Chanel ; p. 53 : © Rue des Archives/PVDE ; p. 54 : © Lebrecht/Rue des Archives ; p. 55 :© Collection Kharbine-Tapabor ; p. 56 : © Henri Martinie/Roger-Viollet ; p. 57 : en haut © ADAGP 2012, The Granger Collection NYC/Rue des Archives, en bas © Hulton-Deutsch Collection/Corbis ; p. 58 : © D.R. ; p. 59 : © Rue des Archives/TAL ; p. 60 : © Bettman/Corbis ; p. 61 : © Hulton-Deutsch Collection/Corbis ; p. 62 : à gauche © Keystone-France/Keystone/Eyedea Presse, à droite © Vogue Paris ; p. 63 : © Douglas Kirkland/Corbis ; p. 64 : © Lebrecht/Rue des Archives ; p. 65 : © Condé Nast Archive/Corbis ; p. 66 : © akg-images ; p. 68 : © Keystone-France/Keystone/Eyedea Presse ; p. 69 : à gauche © Keystone-France, à droite © Collection Kharbine-Tapabor ; p. 70 : © Bettman / Corbis ; p. 71 : à gauche © Albert Harlingue / Roger-Viollet, à droite © Studio Lipnitzki/Roger-Viollet ; p. 72 : © Rue des Archives/SPPS ; p. 73 :

© Collection Kharbine-Tapabor ; p. 74 : © Ullstein Bild/Roger-Viollet ; p. 75 : © Ullstein Bild/Roger-Viollet ; p. 76 : à gauche © Studio Lipnitzki/Roger-Viollet, à droite © Keystone-France ; p. 77 : © Studio Lipnitzki/Roger-Viollet ; p.78 : © Studio Lipnitzki/Roger-Viollet ; p. 80 : © Keystone-France ; p. 81 : à gauche © Keystone-France, à droite © Keystone-France ; p. 82 : © Studio Lipnitzki/Roger-Viollet ; p. 83 : © Studio Lipnitzki/Roger-Viollet ; p. 84 : © Studio Lipnitzki/Roger-Viollet ; p. 85 : en haut © Keystone-France, en bas © Keystone-France ; p. 86 : © Studio Lipnitzki/Roger-Viollet ; p. 87 : © Studio Lipnitzki /Roger-Viollet ; p. 88 : © Studio Lipnitzki/Roger-Viollet ; p. 89 : à gauche © Collection Kharbine-Tapabor, à droite © Collection Kharbine-Tapabor ; p. 90 : © ADAGP 2012, Mary Evans/Rue des Archives ; p. 91 : à gauche © Rue des Archives/ITAL, à droite © Studio Lipnitzki/Roger-Viollet ; p. 92 : © Vogue Paris ; p. 93 : © Studio Lipnitzki/Roger-Viollet ; p. 94 : © Studio Lipnitzki/Roger-Viollet ; p. 95 : © Rue des Archives/CSFF ; p. 97 : © Studio Lipnitzki/Roger-Viollet ; p. 98 : © Keystone-France ; p. 99 : © Keystone-France ; p. 100 : © Robert Doisneau/Rapho ; p. 101 : © The Granger Collection NYC/Rue des Archives ; p. 102 : © Studio Lipnitzki/Roger-Viollet ; p. 104-105 : © Albert Harlingue/Roger-Viollet ; p. 106 : © Keystone-France ; p. 107 : à gauche © Maywald Willy/Keystone /Eyedea Presse, à droite © Bettman/Corbis ; p. 108 : © Michael Ochs Archives/Corbis ; p. 110 : © Hulton-Deutsch Collection/Corbis ; p. 112-113 : © Robert Doisneau/Rapho ; p. 115 : à gauche © Françoise Huguier/Rapho, à droite © Keystone-France ; p. 116 : © Bernard Lipnitzki/Roger-Viollet ; p. 116-117 : © Bernard Lipnitzki/Roger-Viollet ; p. 118 : à gauche © Keystone-France/Keystone/Eyedea Presse, à droite © Robert Doisneau/Rapho /Eyedea Presse ; p. 119 : © Condé Nast Archive/Corbis ; p. 120-121 : © Robert Doisneau/Rapho ; p. 121 : © W. Connors/Elle ; p. 122 : à gauche et à droite © Studio Lipnitzki/Roger-Viollet ; p. 123 : en haut à gauche © TopFoto/Roger-Viollet, en haut à droite © Keystone-France, en bas © Condé Nast Archive/Corbis ; p. 124 : © Douglas Kirkland/ Corbis ; p. 125 : à gauche, au milieu et à droite © Douglas Kirkland/Corbis ; p. 126 : © Brian Aris/Camera Press/Gamma/Eyedea Presse ; p. 127 : © Botti/ Stills/Gamma/Eyedea Presse ; p. 128 : en haut © Kerby/Gamma/Eyedea Presse, en bas © Botti/Stills ; p. 129 : en haut à droite © Rue des Archives/AGIP, en haut à gauche © Rue des Archives/RDA, en bas à gauche © Rue des Archives/RDA, en bas à droite © Rue des Archives/ITAL ; p. 130 : © Willy Rizzo/Paris-Match/Scoop ; p. 131 : © J. Chevalier/Elle ; p. 132 : © akg-images ; p. 133 : © Roger-Viollet ; p. 134 : © Rue des Archives/AGIP ; p. 135 : © Condé Nast Archive/Corbis ; p. 136 : © P. Habans/Paris-Match/Scoop ; p. 137 : © Rue des Archives/AGIP ; p. 138 : © Rizzo/Paris-Match/Scoop.

注：图片版权信息中的页码为原书页码。

图书在版编目（CIP）数据

香奈儿 / (法) 凯瑟琳·德·蒙塔朗贝尔著；张忠
妍译. -- 重庆：重庆大学出版社, 2023.5
（万花筒）
ISBN 978-7-5689-3757-3

Ⅰ.①香… Ⅱ.①凯… ②张… Ⅲ.①夏内尔

(Chanel, Gabrielle 1883-1971)—传记—画册 Ⅳ.
①K835.655.7-64

中国国家版本馆CIP数据核字(2023)第037445号

香奈儿
XIANGNAI'ER

[法]凯瑟琳·德·蒙塔朗贝尔（Catherine de Montalembert）—— 著
张忠妍 —— 译

策划编辑：张　维
责任编辑：鲁　静
责任校对：王　倩
书籍设计：崔晓晋
责任印制：张　策

重庆大学出版社出版发行
出版人：饶帮华
社址：（401331）重庆市沙坪坝区大学城西路 21 号
网址：http://www.cqup.com.cn
印刷：天津图文方嘉印刷有限公司

开本：850mm × 1168mm　1/32　印张：7　字数：123 千
2023 年 5 月第 1 版　　2023 年 5 月第 1 次印刷
ISBN 978-7-5689-3757-3　定价：79.00 元

版贸核渝字 （2022） 第 103 号